# C.H.BECK ■ WISSEN

## in der Beck'schen Reihe

Bereits erschienen:

Marius Flothuis, Mozarts Klavierkonzerte (bsr 2201)
Christian M. Schmidt, Brahms Symphonien (bsr 2202)
Georg Feder, Haydns Streichquartette (bsr 2203)
Marius Flothuis, Mozarts Streichquartette (bsr 2204)
Gottfried Scholz, Bachs Passionen (bsr 2205)
Peter Revers, Mahlers Lieder (bsr 2206)

Siegfried Mauser bietet eine Einführung in Geschichte und Besonderheiten der Klaviersonaten Ludwig van Beethovens. Er erhellt, warum sie als Höhepunkte und Ausnahmeerscheinung der Musikgeschichte gelten dürfen: Die Klaviersonaten wirken nicht zuletzt durch ihren ungeheuren stilistischen, kompositionstechnischen und ästhetischen Reichtum, der das gesamte Werk Beethovens auszeichnet und in seiner Breite und Vielfalt vor dem 20. Jahrhundert ohne Beispiel ist. Anhand zahlreicher, gut gewählter Beispiele wird das Wesen dieser musikalischen Kostbarkeiten vorgestellt und erklärt.

*Siegfried Mauser* ist nicht nur Autor dieses Bandes, sondern zugleich Herausgeber aller in der Reihe C.H.Beck Wissen erscheinenden Themen-Bände zur Musik. Nähere Angaben zu seiner Person, seinem wissenschaftlichen Wirken und seiner Tätigkeit als konzertierender Pianist finden Sie auf der Innenseite des Bucheinbands.

Siegfried Mauser

# BEETHOVENS KLAVIERSONATEN

Ein musikalischer Werkführer

Verlag C.H.Beck

Mit 33 Notenbeispielen

Die Deutsche Bibliothek – CIP-Einheitsaufnahme

*Mauser, Siegfried:*
Beethovens Klaviersonaten : ein musikalischer
Werkführer / Siegfried Mauser. – Orig.-Ausg. –
München : Beck, 2001
  (C.H. Beck Wissen in der Beck'schen Reihe ; 2200)
  ISBN 3 406 41873 2

Originalausgabe
ISBN 3 406 41873 2


Umschlagentwurf von Uwe Göbel, München
© Verlag C.H. Beck oHG, München 2001
Gesamtherstellung: Druckerei C.H. Beck, Nördlingen
Printed in Germany

*www.beck.de*

# Inhalt

Einleitung . . . . . . . . . . . . . . . . . . . . . . . . . . . . . . . . . 7
Zum Begriff der Sonate . . . . . . . . . . . . . . . . . . . . . . . 7
Zur Vorgeschichte der Kompositionen . . . . . . . . . . . . 12
Zum Jugendwerk (die drei ‚Kurfürsten-Sonaten‘) und
zum Problem der Periodisierung . . . . . . . . . . . . . . . . . 15

Erste Phase:
**Erfüllung und Erweiterung des klassischen Anspruchs** . 19
Dynamischer Prozeß und proportionierte Form:
Die Sonaten op. 2 . . . . . . . . . . . . . . . . . . . . . . . . . . . 20
Die erste ‚*Grande Sonate*‘: Die Sonate op. 7 . . . . . . . . . 38
‚Kontrastierende Ableitung‘: Die Sonaten op. 10 . . . . . . 43
Einbruch des ‚Pathetischen‘: Die Sonate op. 13 . . . . . . . 53
Erstes lyrisches Intermezzo: Die Sonaten op. 14 . . . . . . 58
Zusammenfassung und Rückblick: Die Sonate op. 22 . . 65

Zweite Phase:
**Aufbruch in eine neue Welt** . . . . . . . . . . . . . . . . . . . . 70
Modifikation des Zyklus: Die Sonate op. 26 . . . . . . . . . 72
Einbruch des ‚Phantastischen‘: Die Sonaten op. 27 . . . . 78
Naturhafte Lyrik: Die Sonate op. 28 . . . . . . . . . . . . . . 82
Modifikation der Satztypen: Die Sonaten op. 31 . . . . . . 86
Zweites lyrisches Intermezzo: Die Sonaten op. 49 . . . . . 96
Romantischer Impuls und virtuose Geste:
Die Sonaten op. 53, 54 und 57 . . . . . . . . . . . . . . . . . . 98
Drittes lyrisches Intermezzo: Die Sonaten op. 78 und 79 110
Einbruch des ‚Poetischen‘: Die Sonaten op. 81a und 90 . 116

Dritte Phase:
**Esoterischer Spätstil** . . . . . . . . . . . . . . . . . . . . . . . . . 124
Eintritt in eine neue Welt: Die Sonate op. 101 . . . . . . . . 125
Das insgeheime ‚*opus maximum*‘: Die Sonate op. 106 . . 129

Das rätselhafte Vermächtnis:
Die Sonaten op. 109, 110 und 111 . . . . . . . . . . . . . . .   136

Zur Interpretation der Klaviersonaten . . . . . . . . . . . . .   152

Literaturverzeichnis . . . . . . . . . . . . . . . . . . . . . . . . .   159

Personenregister . . . . . . . . . . . . . . . . . . . . . . . . . . . .   160

# Einleitung

## Zum Begriff der Sonate

Die Darstellung eines Ausschnitts der Sonatengeschichte setzt eine gewisse Vertrautheit mit musiktheoretischen Grundbegriffen voraus. Diese sollen im folgenden nicht in abstrakter Systematik, sondern im historischen Kontext vermittelt werden, so daß in das Verständnis für die Begriffe zugleich das Bewußtsein ihrer geschichtlichen Bedingtheit mit eingeht. Zunächst darf es nicht verwundern, daß der etablierte Begriff einer Sonate, der kompositionsgeschichtlich an der frühklassischen Zeit etwa von 1740 an haftet, theoretisch erst am Beginn des 19. Jahrhunderts umfassend ins Blickfeld geriet und bereits am Anfang des 20. seine Verbindlichkeit wiederum verlor. Das heißt, daß erst nach etwa 50 Jahren moderner Sonaten-Komposition ernstzunehmende Beschreibungen im theoretischen Schrifttum auftauchten – erstmals wohl in Heinrich Christoph Kochs ‚Versuch einer Anleitung zur Composition‘ (1782–1793); eine systematische Grundlegung erfolgte dann nochmals später, nämlich in dessen ‚Musikalischem Lexikon‘ (1802), während eine ästhetisch reflektierende Darstellung gar erst gut 10 Jahre nach Ludwig van Beethovens Tod in der ‚Lehre von der musikalischen Komposition‘ von Adolf Bernhard Marx (1837–1847) zu finden ist. Daraus ist zu schließen, daß die Geschichte der Sonatenkomposition über einen relativ langen Zeitraum hinweg trotz gewisser Konventionen immer auch Freiräume und strukturelle Vieldeutigkeiten zuließ, die eine definitive Kanonbildung innerhalb der Musiktheorie verzögerte – nicht zuletzt bestätigt diesen Sachverhalt auch das überlieferte Repertoire. Am Beginn des 20. Jahrhunderts, nachdem bereits in der zweiten Hälfte des 19. das theoretische Interesse an der Sonate merkbar nachließ, verlor sich dann erneut die prinzipielle Gültigkeit bestimmter Regeln, da am Beginn der musikalischen Moderne die Auflösung beziehungsweise Relativierung der harmonischen Tonalität, an die das gebräuchliche Modell der Sonate gebunden war, eine grundlegende Erweiterung und Neufassung erzwang.

So kommt man nicht umhin, historisch zwischen verschiedenen Sonatenbegriffen zu unterscheiden: Dem allgemein gebräuchlichen des 18. und 19. Jahrhunderts, der somit die Epochen der Klassik und Romantik und das Phänomen Beethoven umgreift, einem modernen des 20. Jahrhunderts, der ersteren erweitert beziehungsweise grundlegend verändert, und schließlich einem wesentlich früheren, der zur Vorgeschichte der klassischen Sonate gehört. Diese begann in der zweiten Hälfte des 16. Jahrhunderts, wobei hier ,Sonate' als generelle Bezeichnung für jegliche Form instrumental erzeugter im Gegensatz zu gesungener Musik gebräuchlich war – *sonare versus cantare*. Nicht zufällig fiel genau in diese Zeit ein generelles erstes Aufblühen selbständiger Instrumentalmusik, die sich neben der dominanten Vokalmusik, der sie ursprünglich verpflichtet war, mehr und mehr zu emanzipieren trachtete – so etwa zeitgleich in unterschiedlichen Zentren Italiens, Spaniens, Englands und Deutschlands. ,Sonate' als Bezeichnung für instrumental erzeugte Klangstücke diente hierbei als Sammelbegriff ohne nähere Spezifizierung, oft synonym benutzt mit Bezeichnungen wie Phantasia, Toccata, *Canzona da sonar* und ähnlichen. Die noch nicht vollzogene Normierung gattungsspezifischer Satztypen und -zyklen korrespondierte terminologisch mit der prinzipiellen Offenheit des Sonatenbegriffs am Beginn seiner Entstehung.

Eine gewisse Konkretisierung trat allerdings im weiteren Verlauf der Entwicklungsgeschichte ein; einerseits entstand im Barock des 17. Jahrhunderts das Phänomen der Trio-Sonate, die einen bestimmten Satztyp bezeichnet: Zwei oft konzertierenden beziehungsweise einander imitierenden Melodiestimmen steht eine begleitende und stützende Baßstimme gegenüber. Doch auch die Satzcharaktere und deren zyklische Anordnungen gewannen ein bestimmteres Profil: So unterschied man um 1700 auch theoretisch zwischen einer *sonata da chiesa*, die zumindest aus zwei, häufiger mehr Sätzen unterschiedlichen Charakters besteht – als Grundgerüst folgt auf ein majestäti-

sches Grave eine belebte Fuge, oft zur Satzfolge langsam –
schnell – langsam – schnell erweitert –, und einer *sonata da
camera*, die eine Reihung verschiedener Tanzsätze umfaßt und
in dieser Form nicht immer von einer Suite unterschieden
werden kann. Kompositorische Modellfälle für beide Typen
lieferten die italienischen Instrumentalkomponisten der Zeit,
allen voran Arcangelo Corelli. Damit stand immerhin nach
unverbindlichem Begriffsgebrauch zu Beginn ihres Auftretens
ein spezifizierter Begriff der Sonate im fortschreitenden Zeitalter des Barock fest.

In der zweiten Hälfte des 18. Jahrhunderts zeigte die Musiktheorie vielfältige Bemühungen, die Epochenschwelle zwischen
Barock und der später so bezeichneten Klassik aufzuarbeiten
und einzuholen. Dabei spielten zwar wichtige Aspekte der Sonatenkomposition wie die moderne Themen- und Periodenbildung, harmonisch-melodische Entwicklungen, Form- und
Zyklusbildungen eine gewichtige Rolle, jedoch mehr im allgemeinen Sinn und ohne zunächst zu einer zusammenfassenden
Theorie einer klassischen Sonate zu gelangen. Dazu leistete
der bereits erwähnte Heinrich Christoph Koch in seiner Kompositionslehre einen entscheidenden Beitrag, der übersichtlich
und zusammenfassend in seinem ‚Musikalischen Lexikon‘
wiederzufinden ist. Unter dem Schlagwort „Sonate I (die moderne)“, wobei hier natürlich die im Zeitalter der Klassik entwickelte Form gemeint ist und Beethoven als Referenzpunkt
direkt benannt wird, stößt man auf eine detaillierte Zyklus-
und Satzbeschreibung, die teilweise auch heutigen Anforderungen noch genügt. Als grundlegend wird die viersätzige
Form angegeben: Einem ersten Satz „in Sonatenform“ folgt
ein zweiter in langsamer und gemessener Bewegung, meist „in
arienartiger Form“ – Schema a – b – a – oder als Variationen,
ein dritter als Menuett oder Scherzo in tänzerischem Dreivier-
teltakt mit gelegentlich beigefügtem Trio sowie ein schnelles
Finale, meist als Rondo – Schema a – b – a – c – a... – oder
ebenfalls als Sonatenhauptsatz konzipiert. Innerhalb der Symphonie, die letztlich nichts anderes als eine Sonate für Orchester darstellt, galt bald die Viersätzigkeit als Regel, im Bereich

der Kammermusik beziehungsweise der Solo-Sonaten findet man gleichermaßen dreisätzige Formen. Auch die grundsätzlichen Tonart-Verhältnisse zwischen den Sätzen wurden von Koch theoretisch erfaßt: „Der erste und vierte Satz stehen in der Haupttonart, doch nicht selten der letzte in der Dur-Tonart, wenn der erste in der Moll-Tonart. Die Tonarten der übrigen Sätze sind an keine feste Regel gebunden." Den größten Raum nimmt Kochs bis heute prinzipiell gültige Beschreibung der Form des ersten Satzes, der sogenannten Sonatenhauptsatzform, ein, an der vorrangig die moderne Sonate identifiziert wurde. Er unterscheidet „drei deutlich erkennbare Hauptabschnitte: Erster Teil, Mittelsatz und Repetition". Diese entsprechen nach heutiger Terminologie der Exposition, in der die Themengruppen aufgestellt werden – „... vier Periodengruppen ..., nämlich: Hauptthema, Übergang, zweites Thema, Schlußgruppe" –, wobei das erste und zweite Thema in Dur im Dominantverhältnis, in Moll in der parallelen Tonart zueinander stehen. Die Durchführung ist der Ort thematischer Arbeit und modulatorischer Prozesse, die Reprise eine leicht veränderte Wiederholung der Exposition, die zumeist das zweite Thema ebenfalls in der Grundtonart bringt. In systematischer Straffheit lagen hier am Beginn des 19. Jahrhunderts die Grundregeln der klassisch-romantischen Sonatenhauptsatzanlage vor, deren theoretische Formulierung prinzipiell bis heute Gültigkeit hat und die kaum eine zeitgemäße Formenlehre schlüssiger zusammenfaßt.

Erst mit der Kompositionslehre von Adolf Bernhard Marx, die besonders nachdrücklich Beethoven als grundsätzliche Orientierungshilfe bei den Bemühungen um die Beschreibung der Sonate benennt, traten wichtige Aspekte hinzu, die allerdings weniger musikalisch-technische Einzelheiten als vielmehr die ästhetische Beurteilung betreffen. Diese wurde in Kochs Ausführungen, die eher pragmatisch und praktisch angelegt waren, kaum berührt. Marx dagegen versuchte unter dem Einfluß der Hegelschen Philosophie die grundsätzliche Qualität der Sonatenkomposition näher zu bestimmen, die letztendlich, besonders im Fall Beethovens nicht unberechtigt, als Pendant zu den Prinzipien der Dialektik des deutschen Idealismus gesehen wurde. Das grundsätzliche Verhältnis von Einheit und Vielheit zwischen Sätzen, Abschnitten und Themen veranlaßte Marx zu Formulierungen, die man durchaus in Hegels Ästhetik vermuten könnte: „Nicht mehr das Einzelne (einzelne Sätze) in seiner Vereinzelung soll gelten, sondern der innige Verein der Einzelheiten (einzelnen Sätze) zu einem Ganzen, also das Ganze in seiner inneren Einheit wird zur Hauptsache. In diesem Ganzen fängt auch das Einzelne an, sich aus seiner Starrheit zu lösen; es ist nicht mehr bloß für sich da, und muß auf sich beschränkt seinen Platz bewahren." Mag einem diese Formulierung auch etwas antiquiert und philosophisch verquast erscheinen, so führt sie doch zu einem Hauptaspekt gerade der Beethovenschen Sonatenkonzeption, die im gesamten Zyklus einer Sonate, innerhalb der einzelnen Sätze und natürlich insbesondere im Sonatenhauptsatz selbst mit seinem konstitutiven Themendualismus, in immer wieder neuer und stimmiger Weise charakterliche Vielfalt mit struktureller Einheit zu verbinden weiß.

Des weiteren betont Marx bei der Behandlung des Sonatensatzes mehr als Koch, für den die harmonische Disposition im Zentrum steht, die Bedeutung der thematischen Arbeit und damit die Stellung der Durchführung im Sonatenhauptsatz – hierbei einen generellen Wandel der Sichtweise vom späten 18. zum fortgeschrittenen 19. Jahrhundert signalisierend. Das hatte insofern Konsequenzen, als eine stärkere Hervorhebung der harmonischen Entwicklung eine grundsätzlich binäre Gliederung im Anschluß an barocke Prinzipien nahelegte – im ersten Teil (Exposition) von der Tonika zur Dominante, im zweiten Teil (Durchführung und Reprise), dann wieder zurück zur Tonika –, während die Betonung der thematischen Arbeit die Dreiteilung in aufstellende, durchführende und rekapitulierende Partien akzentuierte. Aus heutiger Sicht kann man beide Blickwinkel problemlos zusammenführen, ja eine gewisse formale Mehrdeutigkeit einer zweiteiligen Anlage – meist durch Doppelstrichsetzung und Wiederholungszeichen äußerlich markiert – innerhalb dreier Hauptabschnitte ermöglicht geradezu vielfältige und individuelle formale Lösungen.

Am Beethovenschen Œuvre geschult, entfaltete sich somit in der ersten Hälfte des 19. Jahrhunderts eine Theorie der klassisch-romantischen Sonate, die nach wie vor als grundsätzliche Perspektive Bestand hat, jedoch nicht dazu verleiten darf, die vielfältigen Modifikationen und Abweichungen von der theoretischen Regelbildung zu nivellieren. Gerade in der Kreativität immer wieder neuer, unverwechselbarer und einmaliger Konzeptionen offenbart sich die überragende Bedeutung des Beethovenschen Klaviersonatenkosmos, der Modell und Konvention grundsätzlich voraussetzt, nie jedoch sklavisch erfüllt.

## Zur Vorgeschichte der Kompositionen

Die für Beethovens Klaviersonaten relevante Vorgeschichte begann erst in der frühklassischen Zeit, so daß auf eine Darstellung der Kompositionsgeschichte im Barockzeitalter in diesem Zusammenhang verzichtet werden kann. Auch die Entwicklung der solistischen Klaviersonate im besonderen, deren Anfänge um 1700 bei Johann Kuhnau zu suchen sind – bislang erstmals nachweisbar in der ‚Neuen Clavier-Übung II‘ (1692) –, erhält erst von der Zeit der Bach-Söhne an eine nachvollziehbare Bedeutung. Allerdings findet man auf verblüffende Weise bei Domenico Scarlatti, dem vor allem in Madrid wirkenden Cembalo-Virtuosen und kompositorischen Außenseiter des Spätbarock, Vorwegnahmen des später etablierten Zyklus der Sonate, ja sogar der Sonatenhauptsatzform. Ob jedoch dessen über 400 Sonaten – meist einsätzig, gelegentlich aber auch zwei- bis dreisätzig angelegt – einen nachweisbaren Einfluß auf die Entwicklung der klassischen Sonate nahmen, bleibt eher zweifelhaft.

Dagegen prägten eindeutig die Werke des ‚Londoner‘ Johann Christian Bach sowie die des in Berlin wirkenden Carl Philipp Emanuel Bach gattungsgeschichtlich die Entwicklung – erster mehr mit Blickrichtung auf Mozart, letzter mehr auf Haydn und Beethoven. Beide Komponisten gelten jeweils als Vertreter einer kompositorischen Tendenz, die an der Schwelle zur

Wiener Klassik das musikalische Vokabular entscheidend formten. Der ‚galante‘ Stil Johann Christians, der als gelernter ‚Italiener‘ verstärkt die *belcanto*-Melodik der Oper in die Instrumentalmusik einbrachte – man sprach bei schnelleren Sätzen vom „singenden Allegro" –, trieb vor allem die Periodisierungstendenz innerhalb der Themenbildung voran: Das achttaktige Grundgerüst, das sich in einen viertaktigen Vorder- und Nachsatz nach dem Modell geformter Gesangsmelodik differenziert, findet sich auch vielfach in seinen Klaviersonaten, so bereits in den ersten Veröffentlichungen der Sammlung op. V (1768). Die Sonaten sind meist zwei-, seltener dreisätzig angelegt; häufig fehlt ein richtig langsamer Satz, da auch das in den dreisätzigen Zyklen zumeist anzutreffende Andante als gerade noch schnelles Tempo galt. Die Sätze selbst zeichnen sich durch ein jederzeit einprägsames, oft kantables Hauptthema aus, dem eine freie Figuration folgt. Diese verdichtet sich zwar gelegentlich zu einer weiteren thematisch profilierten Gestaltung, wird jedoch selten zu einem deutlich abgesetzten und wahrnehmbaren zweiten Thema als Gegengewicht zum ersten ausformuliert. Im Prinzip handelt es sich architektonisch zumeist um eine freie Reihungsform mehr oder weniger motivisch profilierter Gebilde, die im Anschluß an ein den jeweiligen Satz charakteristisch prägendes Hauptthema aneinandergefügt werden.

Das gilt zunächst prinzipiell auch für die Mehrzahl der Klaviersonaten von Carl Philipp Emanuel Bach, den Hauptvertreter des „empfindsamen Stils" – er war übrigens nach Vater Johann Sebastian zeitweilig Lehrer des jüngeren Bruders Johann Christian. Allerdings zeigen bei ihm bereits die beiden wichtigen Sammlungen der ‚Preußischen Sonaten‘ (1742) wie der ‚Württembergischen Sonaten‘ (1744) – beide nach den Höfen der Widmungsträger betitelt – eine etwas andere Verfahrensweise: Einerseits werden die musikalischen Charaktere nach den Prinzipien der ‚Empfindsamkeit‘ und des ‚Sturm und Drang‘ schärfer und kontrastreicher ausgeformt, andererseits die figurativen Elemente stärker vermittelt. Sie erweisen sich tendenziell nicht selten als Fortspinnungen, die auf einen gemeinsamen Kern verweisen, wodurch die stärkere affektive Vielfalt zugleich strukturell gebunden wird. In verallgemeinernder Überspitzung kann man in der kantabel-melodischen Reihungstechnik Johann Christians durchaus einen zentralen Satztyp Mozartscher Sonatenkomposition erkennen – selbstverständlich dürfen dabei Gegenentwürfe wie die bedeutenden Sonaten in a-Moll KV 310 oder c-Moll KV 457 nicht übersehen werden –, wie umgekehrt in der eher verarbeitenden und zugleich schärfer kontrastierenden Fortspinnungstechnik Carl Philipp Emanuels das Vorbild für Haydn, der ihn mehrfach rühmt, und schließlich für Beethoven, der die strukturelle Integration unterschiedlicher thematischer Charaktere zur Grundregel erhebt, erkennbar wird. Legten die beiden Bachsöhne zwar noch selten Wert auf eine ausgearbeitete Architektur der Sonatenhauptsätze sowie auf wohlproportionierte Zyklen, so haben sie doch im Hinblick auf die Wiener Klassiker entscheidende Grundlagen geschaffen.

Aus den bisher referierten Sachverhalten resultiert zwangsläufig die Annahme, daß Haydns Sonatenkonzept prinzipiell eine größere Bedeutung für Beethoven hatte als die Mozarts, was besonders an der Disposition des Sonatenhauptsatzes deutlich wird. Tatsächlich steht die thematische Reihungstechnik Mozarts, die melodisch vielfältiges Material gleichsam assoziativ verbindet – wobei nur selten ein zwingender Zusammenhalt auf struktureller Ebene nachweisbar ist – und dementsprechend die darstellenden Teile der Exposition und der rekapitulierenden Reprise betont, dem Beethovenschen Denken ferner als Haydns Verfahren: Hier wird die thematische Vielfalt durch zwei meist klar abgegrenzte Hauptthemen ersetzt, die in ihrer affektiven Wirkung eine kontrastierende Spannung aufbauen, deren Lösung dann die stark aufgewertete Durchführung bringt. Ein Vergleich entsprechender Sonatenhauptsätze der ersten reifen Klaviersonatensammlung Mozarts KV 279 bis 284 (1774/1775) mit Haydns frühreifer Sonate in c-Moll HOB.XVI:20 (1771) belegt diesen Befund. Zwar mögen einzelne Sonaten Mozarts, wie die bereits erwähnten in a-Moll oder c-Moll, die im übrigen eher dem Haydnschen Typus ähneln, von besonderer Bedeutung für Beethoven gewesen sein; dennoch ändert das nichts an der grundsätzlichen Tatsache, daß Haydns Sonatenkonzept dem Beethovenschen in vielem nähersteht und vor allem in dessen früher Phase Haydns Errungenschaften in der Form- und Strukturbildung deutlich weitergeführt werden – nicht zufällig ist denn auch Beethovens erste bedeutende Klaviersonatengruppe op. 2/1–3 dem Vorbild Haydn gewidmet.

## Zum Jugendwerk (die drei ‚Kurfürsten-Sonaten') und zum Problem der Periodisierung

Von Haydns Vorbild ist allerdings in Beethovens frühesten Sonatenkompositionen, den ‚Kurfürsten-Sonaten' – so benannt nach dem Widmungsträger Kurfürst Max-Friedrich von Köln und vermutlich innerhalb der Bonner Jahre 1782/1783 entstanden – noch nichts zu spüren. Dagegen läßt sich bei diesem Vorspiel zum eigentlichen gewaltigen Œuvre einerseits der Einfluß Carl Philipp Emanuel Bachs vermuten, vermittelt durch Beethovens Lehrer Christian Gottlob Neefe, der dem Bachsohn bereits 1773 zwölf Klaviersonaten widmete, andererseits nachweislich auch eine gewisse Orientierung an den Vertretern der Mannheimer Schule, allen voran an Johann Stamitz, feststellen. Die Vorliebe für dreiklangsgebrochene Themen, vor allem in der Sonate Nr. 2 in f-Moll, die häufige Parallelführung von Themen in Terzen und Sexten sowie der schnelle dynamische Wechsel von *forte* und *piano* innerhalb der Themen finden sich häufig in dessen Symphonien. Satzbezeichnungen, Tonart und Taktvorschrift der durchwegs dreisätzigen Zyklen sind folgende:

| Sonate Nr. 1 in Es-Dur: | | |
|---|---|---|
| Allegro cantabile | Es-Dur | 4/4-Takt |
| Andante | B-Dur | 2/4-Takt |
| Rondo vicace | Es-Dur | 6/8-Takt |
| Sonate Nr. 2 in f-Moll : | | |
| Larghetto majestoso / Allegro assai | f-Moll | 4/4-Takt / 4/4-Takt |
| Andante | As-Dur | 2/4-Takt |
| Presto | f-Moll | 2/4-Takt |

Sonate Nr. 3 in D-Dur:

| | | |
|---|---|---|
| Allegro | D-Dur | 4/4-Takt |
| Menuetto. Sostenuto | A-Dur | 3/4-Takt |
| Scherzando. Allegro ma non troppo | D-Dur | 2/4-Takt |

Insgesamt zeigen die einzelnen Sätze deutlich eine gewisse Verbundenheit mit der zweiteiligen barocken Suitensatzform, von der sie sich zugleich distanzieren. Im ersten Satz der Es-Dur-Sonate beispielsweise erscheint zwar nach dem Modell der Sonatenhauptsatzform ein erstes markantes Thema in Es-Dur – mit den oben erwähnten, charakteristischen dynamischen Effekten – sowie ein zweites kantables auf der Dominante D-Dur; auch eine kurze Schlußgruppe sowie verbindende figurative Überleitungsteile in sequenzierender Manier finden sich hier; allerdings sind Durchführung und Reprise nur insofern partiell ausgeformt, als am Beginn der ersteren das Hauptthema in der Dominante B-Dur vorkommt und sonst Figurationen, abgeleitet aus der Exposition, vorherrschen. Innerhalb der Reprise scheint es gar nicht mehr auf; sie wird ausschließlich durch das zweite Thema, jetzt regelmäßig in der Tonika Es-Dur stehend, markiert. Durch die Zuordnung des ersten Themas zur Durchführung und des zweiten zur Reprise entsteht verstärkt eine Zweiteiligkeit im Verhältnis zur Exposition. Der zweite Satz dieser Sonate erweist sich in seiner zweiteiligen Anlage als prinzipiell monothematisch, teilweise mit variierenden Veränderungen des Themas durchsetzt und gekoppelt wiederum mit dazwischengeschalteter freier Figuration. Auch hier wird die prinzipielle Zweiteiligkeit durch ein ausschließliches Thema betont. Der dritte Satz schließlich formuliert, als Rondo bezeichnet, nur ein Hauptthema, das ebenfalls durch frei-figurative, selten an die Grenzen motivischer Prägnanz reichende Läufe und Akkordbrechungen unterbrochen wird, wodurch sich zwar prinzipiell das Rondoschema a – b – a – c – a ergibt, das jedoch nicht durch das Verhältnis von in etwa gleichgewichtig sich zueinander verhaltender Thematik zueinander bestimmt wird. Insofern sind alle drei Sätze charakteristische Beispiele für die vor- beziehungsweise frühklassische Phase der Sonatenkomposition, für die zugleich eine nachhaltige Verflechtung mit den barocken Traditionen wie die tendenzielle Absetzung von ihnen typisch sind. Die Stellung zwischen zweiteiligem, monothematischem Suitensatz und Konzepten der Klassik wie der dreiteiligen Anlage des Sonatenhauptsatzes, langsamen Liedformen und Rondos ist dafür bezeichnend.

Den gleichen Befund erbringen prinzipiell auch die beiden anderen Sonaten, wenn auch mit einigen interessanten Modifikationen: So weist der erste Satz der f-Moll-Sonate als Besonderheit eine integrierte langsame Einleitung auf, ein Konzept, das Beethoven erst wieder in der ‚Grande Sonate Pathétique‘ in c-Moll, op. 13, anwenden sollte; bemerkenswert ist hierbei vor allem das erneute Aufgreifen der Larghetto-Einleitung am Beginn der Reprise, das heißt die Betonung der Integration von langsamem und schnellem Teil. Die Tatsache, daß in der dritten Sonate anstelle eines langsamen Satzes ein gemäßigtes Menuett steht, verweist zunächst auf die Divertimento- beziehungsweise Partitenpraxis der Frühklassik – noch der junge Haydn griff zu diesem Verfahren –; dem stehen allerdings die sich anschließenden Figuralvariationen aus klassischem Geist entgegen, in denen die Notenwerte von Variation zu Variation sukzessiv beschleunigt werden, eine Technik, die Beethoven bis zu den großen Variationssätzen der letzten Sonaten op. 109 und op. 111 beibehalten sollte. Auch die ungewöhnliche Vortragsbezeichnung ‚Scherzando‘ über dem letzten schnellen Satz dieser Sonate weist auf eine spätere Vorliebe des Beethovenschen Komponierens voraus. So kann trotz der unverkennbar zeitstilistisch konventionellen Grundorientierung dieser teilweise recht schulmäßig und akademisch verfertigten Jugendwerke dennoch im Rückblick ansatzweise Charakteristisches für Beethovens späteres Komponieren herausgelesen werden, wenn auch die Gleichsetzung des Entwicklungsstandes mit Mozart in dieser Altersstufe sowie die zeitgenössische Ankündigung als „eine vortreffliche Komposition eines jungen Genies“ (in Johann Baptist Cramers ‚Magazin der Musik‘ 1783) übertrieben sein dürfte.

Abgesehen von den Bonner Jugendwerken, für die auch die ‚Kurfürsten-Sonaten‘ repräsentativ sind, wird das Beethovensche Werk nach wie vor zumeist in drei Phasen unterteilt. Legitimation hierfür bildet neben plausiblen stilistischen und kompositionstechnischen Argumenten nicht zuletzt ein von Beethovens erstem Biographen Anton Felix Schindler überlieferter Hinweis des Komponisten selbst. Obwohl Schindlers Mitteilungen zu Recht mit einer gewissen Skepsis gesehen werden sollten, zeigt diese vom späten Beethoven selbst vorgegebene Periodisierung trotz mehrfacher anderweitiger Versuche – so in fünf (William Newman) oder noch mehr Phasen – eine gewisse Logik, da die Gliederungseinheiten zusätzlich von anderen wichtigen Gattungen wie dem Streichquartett und der Symphonik bestätigt werden. Allerdings darf mit einer Differenzierung in eine frühe, eine mittlere und eine späte Phase kein Wertungsanspruch im Sinn von Aufstieg, Höhepunkt und Auflösung verbunden werden, wie es das dreigestaffelte Modell seit der Geschichtstheorie der Renaissance nahelegt, sondern ausschließlich die Konzentration auf unterschiedliche kompositorische und gattungsgeschichtliche Problemstellungen soll maßgebend für eine entsprechende Differenzierung sein. Dennoch kann vorweg so viel vermerkt werden, daß innerhalb des Klaviersonaten-Œuvres in der ersten Phase bis etwa 1800 die klassischen Ansprüche an Sonatensätze und Zyklusbildung ausformuliert, zusammengefaßt und vollendet, in der zweiten bis um 1814 eine experimentelle Grundhaltung auf der Basis der erworbenen, beherrschten und modifizierten Konventionen bezogen und schließlich in der dritten ein historisch inkommensurabler Schritt in utopisches Neuland vollzogen wurden. Das abstrakte Periodisierungsmodell, das in Einzelheiten durchaus differenzierungsbedürftig bleibt, soll in diesem Sinne durch den darstellenden Nachvollzug der Gattungsgeschichte seine Bestätigung erhalten.

# Erste Phase:
# Erfüllung und Erweiterung des klassischen Anspruchs

Mag zwar die Aufgabenstellung, die Beethovens Gönner Ferdinand Graf Waldstein 1792 dem endgültig nach Wien umsie-
delnden Komponisten mitgab: „durch ununterbrochenen Fleiß
erhalten sie: Mozarts Geist aus Haydns Händen" (Eintragung
in Beethovens Stammbuch), eher wohlgemeintem Wunschden-
ken entsprungen sein, das vor allem Beethovens entwicklungsgeschichtliche Eigendynamik unterschätzte, so erhält sie dennoch bezüglich der Klaviersonaten eine gewisse Aktualität, da
vor allem in den Werken op. 2 bis 22 die Ansprüche klassischer Form- und Zyklusbildung durchaus im Sinn beider Meister zu einem Höhe- und Endpunkt getrieben wurden. Daß
dabei, wie bereits erwähnt, das Haydnsche Modell wichtiger
war, sollte nicht über den Mozartschen Anteil hinwegtäu-
schen – beide Aspekte schon gar nicht über die von Anfang an
feststellbaren, enormen Eigenwilligkeiten Beethovens selbst,
die eine allzu starke Einflußnahme von vornherein relativier-
ten. Dazu zählen unter anderem innerhalb der Sonatenhauptsätze eine verschärfte Gegensätzlichkeit der Hauptthemen in
bezug auf ihren Charakter und zugleich enge strukturelle Beziehungen durch wechselseitige Ableitungsverhältnisse; des weiteren fällt vor allem in der ersten Phase eine sicher auch für
die Zeitgenossen überraschende, generell lapidar wirkende
Themenbildung auf, die häufig nur mit musiktheoretischem
Grundmaterial wie gebrochenen Dreiklängen, Skalenbewegungen oder einfachen Vorhalten arbeitet, damit aber zugleich eine enorme gestische Präsenz erreicht; der kompakten Deutlichkeit der Themen, resultierend aus der Reihung einiger
weniger motivisch gebundener Tonkonstellationen, entspricht
darüber hinaus eine ebenso deutliche Absetzung der Formteile
Exposition, Durchführung und Reprise sowie der prägnanten
Binnengliederung in Haupt- und Überleitungsteile. Somit korrespondiert mit der klar und knapp umrissenen thematischen
Textur ein ebenso klar überschaubarer und ausgewogener

formaler Ablauf. Mehrdeutigkeiten, die wie im Falle Mozarts gelegentlich die Identifizierung der eigentlichen Hauptthemen verschleiern, finden sich hier selten.

Hinzu kommt eine entschiedene Aufwertung des zweiten, langsamen Satzes, der, meist im Adagio-Bereich gehalten, durchaus symphonische Dimensionen erfährt. Diese Aufwertung geht mit einer Umwandlung des dritten Satzes vom eher beiläufigen, unterhaltsamen, barocker Herkunft nahestehenden Menuett mit Trio – so noch in op. 2/1 – zum gewichtigeren scherzoartigen Typ einher – wie bereits in op. 2/2 zu erkennen. Die Finalsätze reagieren insofern auf diese Aufwertungstendenzen der Mittelsätze, als sie ein verstärktes Profil durch eine entschieden vorangetriebene Virtuosität erhalten, die sich nicht zuletzt in den gesteigerten Tempobezeichnungen widerspiegelt – gleich in op. 2/1 ‚Prestissimo' –, sowie nicht selten auf spielerische Weise Ansprüche von Sonatenhauptsatz- und Rondoform miteinander zu verknüpfen suchen. Ergebnis dieser auffälligen Tendenzen, die Beethovens Frühphase trotz aller traditionellen Bindungen sofort auf eine neue stilistische Ebene stellen, ist sowohl eine gesteigerte formale Plastizität und prägnante Charakteristik der Einzelsätze wie auch eine Weitung und Profilierung der Zyklusbildung.

## Dynamischer Prozeß und proportionierte Form: Die Sonaten op. 2

Kammermusik und Solowerke in Gruppen zusammenzufassen, war eine Konvention der Zeit, die mehrfache Rückschlüsse zuläßt: Neben verlegerischen Interessen verrät die Numerierung unter einer Opuszahl ein traditionelles Verhältnis zwischen Einzelwerk und musikalischer Gattung; zumindest bis zur Jahrhundertwende galt das Einzelwerk zwar als originell geformt, allerdings neben gleichwertigen anderen derselben Gattung, so daß ein gewisser Austausch durchaus denkbar blieb. Erst die zunehmende Individualisierung und damit einhergehende Autonomisierung jeder einzelnen Komposition, die direkt zum Geniekult des fortlaufenden 19. Jahrhunderts führ-

ten, ließen schließlich jedem Werk eine eigene Opuszahl zu-
kommen – in Beethovens Sonatenœuvre von der berühmten
‚Waldsteinsonate‘ op. 53 an. Der musikästhetisch bedeutsame
Schritt, der damit vollzogen wurde, könnte in zeitgenössischer
Terminologie und etwas zugespitzt formuliert so umschrieben
werden, daß eine Entwicklung vom ‚Originalen‘ – ein Begriff,
den Mozart gelegentlich benutzte –, das zugleich durchaus die
Allgemeinheit einer Gattung repräsentieren kann, hin zum einzigartig ‚Charakteristischen‘ beim mittleren Beethoven führte;
dieses gehörte zwar (noch) einer Gattung an, schöpft aber die
eigentliche Bedeutung aus seiner individuellen Besonderheit.

Die drei Sonaten der Gruppe op. 2, im Prinzip 1795 entstanden (zur ersten gibt es allerdings Skizzen, die bis auf das
Jahr 1790 zurückgehen), können durchaus im älteren Sinn als
ebenso originelle wie zugleich typische Beispiele klassischer
Sonatenkonzeption betrachtet werden, die zudem einen direkten Bezug zu den beiden älteren Meistern der Wiener Klassik
zulassen. Zum einen sind die drei Sonaten Joseph Haydn gewidmet und wurden in dessen Anwesenheit im September
1795 bei Fürst Carl von Lichnowsky erstaufgeführt – letztlich
wohl auch als Dankesbezeigung für den kurzen, zwischen Ende 1792 und Anfang 1794 erteilten, wahrscheinlich nicht sehr
effektiven ‚Unterricht‘ und die generelle Unterstützung. Zum
anderen manifestiert sich in ihnen indirekt auch Mozarts
Einfluß, da in op. 2/1, zweiter Satz, und op. 2/3, erster Satz,
gewichtige Teile des musikalischen Materials auf eigene
Jugendwerke zurückgehen – drei Klavierquartette in Es-Dur,
D-Dur und C-Dur WoO 36 –, die neben diversen Einflüssen
stilistisch eindeutig nach dem Modell Mozartscher Violinso-
naten (nachweislich KV 296, KV 379 und KV 380) konzipiert
wurden und unter dem zusätzlichen Eindruck der ersten Wiener Klavierkonzerte entstanden (KV 413–415).

Obwohl also im Falle von op. 2 am ehesten von „Mozarts
Geist aus Haydns Händen" gesprochen werden könnte, über-
wiegt dennoch die frappierende individuelle Gestaltung; Geist
und Technik wurden unverkennbar aufgegriffen und sofort
weiterentwickelt. Damit wollte Beethoven nicht zuletzt mit

dieser ersten bedeutenden Sonatengruppe unübersehbar auf sich als Zentralgestalt im Gattungsbereich der Klaviersonate hinweisen – die durchgängige Viersätzigkeit, die bislang durchaus die Ausnahme bildete, sowie die bis dahin kaum anzutreffende formale Ausdehnung der Sätze bestätigen diesen Anspruch ebenso wie der ungewöhnliche Reichtum an musikalischen Charakteren im Satzinneren und deren vielfältige, nicht selten überraschende Abwechslung. Beethoven selbst soll im Rückblick auf Werke dieser Zeit geäußert haben: „Als ich meine ersten Manuscripte, einige Jahre nachdem ich sie geschrieben, ansah, habe ich mich gefragt, ob ich nicht toll war, in ein einziges Stück zu bringen, was dazu hinreichte, zwanzig Stücke zu componieren." Diese grundsätzlich expansive Tendenz zu formaler Ausdehnung und charakterlicher Vielfalt ereignet sich allerdings im Rahmen des traditionell Regelhaften und Regelmäßigen: Auf die Symmetrie von Periodenbildungen und konventionelle Periodisierungen in Zwei-, Vier- und Achttaktgruppen wurde über weite Strecken geradezu akribisch Wert gelegt. Der Komponist scheint betont haben zu wollen, wie er einerseits bereit war, Erbe und Tradition anzunehmen und gleichzeitig jenseits aller Epigonalität sofort zu Eigensprachlichkeit und Innovation vorzudringen. Dies soll nun, dem Darstellungskonzept des gesamten Bandes folgend, einerseits an signifikanten Aspekten einzelner Sätze, andererseits an einer kurzen Detailstudie zu op. 2/1, erster Satz, aufgezeigt werden.

Die Sonate in f-Moll, op. 2/1
    Erster Satz: Allegro, f-Moll, alla breve
    Zweiter Satz: Adagio, F-Dur, 3/4-Takt
    Dritter Satz: Allegretto, f-Moll/F-Dur, 3/4-Takt
    Vierter Satz: Prestissimo, f-Moll, alla breve

Die übereinstimmende Tonart brachte der Sonate die gelegentlich verwendete Bezeichnung ‚kleine *Appassionata*‘ ein; tatsächlich lassen sich im ersten und letzten Satz einige überraschende Parallelen zu op. 57 feststellen: Beide Male bildet eine aufsteigende, leise gehaltene Dreiklangsbrechung in f-

Moll den Kern des Hauptthemas im ersten Satz, beide Male beschließt ein motorisch dahinstürmendes, von überhitzter Begleitfiguration getriebenes Finale das Werk. Überblickt man das gesamte Œuvre, so entdeckt man erstaunlicherweise relativ häufig Hauptthemen von ersten Sätzen im Piano, so auch innerhalb von op. 2; die oft beschworene dramatische und affirmative Geste der Beethovenschen Musik scheint sich hier erst allmählich zu entfalten. Der erste Satz von op. 2/1 wird gern neben dem der Sonate op. 10/1 als Schulbeispiel eines regelhaften Sonatenhauptsatzes in Formenlehren verwendet – obwohl gerade er innerhalb der äußerlichen Regelhaftigkeit Besonderheiten zeigt, die Beethovens Willen zum eigenen Weg sofort, gleichsam programmatisch offenbart. Er soll daher in einer exemplarischen Detailstudie gesondert betrachtet werden.

Schon die achttaktige Periode des Beginns, die den Thementypus der ‚Mannheimer Rakete' aufgreift – so benannt nach der frühklassischen ‚Mannheimer Schule' um Johann Stamitz, die häufig aufsteigende Dreiklangsbrechungen als Hauptthemen von Symphoniesätzen benutzte –, wird intern nicht als fortlaufend korrespondierende Zweitaktgruppierung gestaltet, sondern als offener Satz, der sich selbst verkürzend fortspinnt, die Dynamik vom *piano* über *sforzando* ins *fortissimo* treibt (Takt 7), gleichzeitig die Intervalle von der Sext über die Sept zur akkordisch ausgefüllten Oktav spannt und jäh auf der Dominante C-Dur im überraschend wieder erreichten *piano* zum vorläufigen Stillstand kommt. Die Hauptthematik wird hier als sich entwickelnder, spannungsreich-dramatischer und dynamischer Prozeß vorgeführt, nicht als Reihung regelmäßig korrespondierender Einzelglieder. Die in der ersten, überdimensional angelegten Auftaktgeste der unbegleiteten Akkordbrechung eingeschriebene Erwartungshaltung wird durch die dramatisch insistierende, fortlaufende Komprimierung verschiedener Taktgruppen: 2 Takte + 2 Takte + 1 Takt + 1 Takt + 1/2 Takt + 1/2 Takt + 1/2 Takt eingelöst. Dennoch bleiben die Rahmenbedingungen einer geschlossenen Achttaktigkeit erhalten, verdeutlicht durch die abschließende Viertelpause mit Fermate.

Diese prozessionale Dynamisierung des ersten Achttakters im Satzinneren wird formallogisch genutzt, indem die zunächst auf der Molldominante in der linken Hand anhebende Wiederholung des Themenkopfes sofort in eine sich mehr und mehr reduzierende Überleitungsphrase übergeht (ab Takt 11), um schließlich völlig bruchlos in das zweite Thema einzumünden (ab Takt 20) – die vorhaltig wirkende, abschließende Umspielung der fallenden Mollterz am Ende des Hauptthemenkopfes durch einen Doppelschlag (Takt 2), der die ‚raketenartige' Bewegung, gekoppelt mit der rhythmisch gestauten Energie einer erstmals punktierten Viertel, ursprünglich zum Stillstand brachte, verschwindet nach dreimaliger Sequenzierung (ab Takt 11) und läßt die Vorhaltsgeste als das intern eigentlich wesentliche Ereignis im endgültig überleitenden Teil zurück (ab Takt 15). Genau dieses gleichsam herausdestillierte Element bildet dann beim zweiten Thema innerhalb der jetzt umgekehrt verlaufenden Bewegungsform des absteigenden Septakkords auf Es – der Dominante zur Tonikaparallele As-Dur, dem eigentlich tonalen Ort – das hauptsächliche Charakteristikum (Takt 20–22); am Anfang erscheint der Vorhalt als Auftaktgeste (Takt 20), am Ende als scharf gesetzte, auflösungsbedürftige Dissonanz (in Takt 22 mit *sforzando*). Mit dem Stakkato-Anstieg des ersten Themas korrespondiert somit der Legato-Abstieg des zweiten, die Vorhaltsgeste bleibt als strukturell zwar verändertes, dennoch charakterisierendes Element erhalten – beide prinzipiell im Piano gehalten, beide mit Schwerpunktsetzung auf der Eins des jeweils zweiten Takts (punktiertes Viertel in Takt 2, *sforzando* in Takt 22). In gleicher Weise wie das erste Thema entpuppt sich auch das zweite nach einmaliger Wiederholung des anfänglich gesetzten Zweitakters als offener Satz, der sich selbst beim dritten Mal verzierend fortspinnt (ab Takt 25). Erzeugte beim ersten Thema die dramatische Verkürzungstechnik den dynamischen Schub, so diesmal die tonale Labilität: Der Grundton As wird innerhalb des zweiten Themas konsequent ausgespart (ab Takt 20), höchstens beiläufig gestreift (Takt 27); der spannungsreiche Dominantseptakkord mit charakteristischen Vorhalten bestimmt das Geschehen, seine Auflösungen erscheinen nur als flüchtige Durchgangsquartsextakkorde (Takt 22 auf Drei, Takt 24 auf Drei), wodurch der durch die Achtelfiguration an sich schon in Bewegung gebrachte Prozeß fortlaufend, harmonisch unaufgelöst, vorwärts drängt, eine stabile Lösung sucht, die nicht eintritt, statt dessen harmonisch schweifend, gleichsam zielsuchend (ab Takt 26) erneut in eine Überleitungspartie (Takt 33–41) und schließlich die Schlußgruppe (ab Takt 41) weitertreibt – analog zur Entwicklung des ersten Themas. Mehrfache Kadenzierungen beenden diesen Vorgang und stabilisieren das anvisierte As-Dur als harmonisches Ziel der gesamten Exposition. Wie im Fall des ersten Themas löst auch hier die Wiederholung eines zweitaktigen Themenkerns einen dynamischen Prozeß aus, der die eher statische Setzung einer in sich ausgeglichenen Korrespondenzmelodik überrennt und eine dramatische Entwicklung erzwingt. Wiederum bleibt gleichzeitig grundsätzlich die Periodenstruktur erkennbar – sie reicht über acht Takte (Takt 20–28), die fortgesponnen werden –, die regelmäßig bis zum Schluß beibehalten wird; es folgen eine achttaktige Überleitung (Takt 33–40) und eine achttaktige Schlußgruppe (Takt 41–48).

Tradition und Konvention werden in dieser Exposition souverän aufgegriffen und zugleich mit neuem Sinn erfüllt. Innerhalb einer konsequent entfalteten musikalischen Logik, die sich hier bereits als spezielle Technik struktureller Fortspinnung andeutet und im späteren Sonatenschaffen ungeahnte Höhen erreichen sollte, erlangt der Sonatenhauptsatz eine neue Dimension. Er erscheint als Ergebnis eines dramatisch entwickelten, dynamischen Prozesses und streift dabei trotz weitgehend regelhafter Erfüllung von Periodisierung und Proportionierung die reine Konventionalität des übernommenen Modells ab, verschafft ihm die Würde einer individuell erzielten Lösung – Beethovens Weg innerhalb des gesamten Sonatenschaffens. Diese Dynamisierung der Exposition, deren Aufgabe ursprünglich in der reinen Aufstellung und deutlichen Präsentation thematischen Materials bestand – somit einen eher statischen Charakter zeigen sollte –, bedeutet letztlich nichts anderes, als daß Anteile der Durchführung, die ursprünglich mehr oder weniger ausschließlich für sich entwickelnde und verarbeitende Prozesse vorgesehen war, sich nun tendenziell über den ganzen Satz erstrecken. Die zunehmende Bedeutung der Durchführung in Beethovens Sonatensätzen, die an Haydns Konzeption anknüpft und diese zugleich radikalisiert, äußert sich somit nicht nur in den bis dahin ungewöhnlichen Längenverhältnissen – bei Mozart liegen sie normalerweise weit unterhalb derer von Exposition beziehungsweise Reprise –, sondern eben auch in der Durchdringung der übrigen Teile, wodurch sich generell die Form als sich entwickelnder Prozeß und weniger als ausgefülltes Modell darstellt.

Dieser Tendenz wirkt nun als Gegenpol die oben aufgewiesene, auffällige Neigung zur regelhaften Proportionierung entgegen, im Sinne eines formalen Außenhalts, der die Expansionsbestrebungen der dynamischen Prozesse in Grenzen hält. Dieses grundsätzliche Verhältnis findet man auch in der folgenden Durchführung. Einerseits zeigt sie eine Ausdehnung, die der einer Exposition beziehungsweise Reprise entspricht (Exposition: 48 Takte; Durchführung: 52 Takte; Reprise: 52 Takte), andererseits läßt sie eine klare Binnengliederung als gleichsam abgesteckte Grenzmarken der weitgespannten dynamischen Entwicklungen erkennen: Durchführungseinleitung mit erstem Thema: Takt 49 bis 54; Durchführungskern mit zweitem Thema: Takt 55 bis 92; Durchführungsrückleitung mit Schlußfloskel des ersten Themas auf der Dominante: Takt 93 bis 100.

Somit entspricht die halbwegs spiegelsymmetrische Proportionierung der Durchführung (6 Takte – 38 Takte – 8 Takte), die den Mittelteil als eindeutiges Zentrum des Formteils ausweist, der gleichsymmetrischen Proportionierung von Exposition, Durchführung und Reprise. Letztere orientiert sich regelhaft an der Exposition, das heißt, daß das zweite Thema jetzt ebenfalls auf der Tonika f-Moll beziehungsweise dem zugehörigen Dominantseptakkord auf C erscheint; sie erhält erst am Ende als kleine Modifikation durch die sequenzierende Erweiterung der Schlußgruppe eine kurze Coda (ab Takt 146).

Das dialektische Verhältnis einer Prozessionalisierung von Form und zugleich beibehaltener Periodisierung und regelhafter Proportionierung erzeugt erst eigentlich die neuartige Spannung, die die Entwicklung des Beethovenschen Sonatenhauptsatzes auszeichnet und von vergleichbaren Werken abhebt. Gleichzeitig etablierte sich dieser dadurch unmißverständlich als dreiteiliger Typus, da sich die Durchführung vom verarbeitenden Durchgangsstadium, das letztlich zur Reprise führt – die Doppelstrichsetzung deutet das ursprünglich zweiteilige Konzept weiterhin an –, zum endgültig gleichgewichtigen Formteil emanzipierte, ja eine gewisse Dominanz erreichte, da durchführende Anteile auch im Dienst einer gewissen Vereinheitlichung auf die übrigen Formteile übertragen wurden. So stehen dem dynamischen Prozeß die streng proportionierten Teile im groß- wie kleinformalen Bereich als stabilisierendes Gegengewicht gegenüber, die Dynamik vorwärtsdrängender Energie wird durch den gerüsthaften Außenhalt gefestigt und aufgefangen.

Die drei langsamen Sätze der gesamten Gruppe op. 2 setzen sich einerseits durch das gewählte Tempo gezielt von den häufig bevorzugten Andantetypen Mozarts und auch Haydns ab, andererseits tasten sie sich gleichzeitig zum großangelegten symphonischen Satztyp vor, der dann spätestens in op. 7 erreicht ist. Erneut wird das Anknüpfen an die musikalische Tradition in op. 2/1 deutlich, da das Hauptthema aus dem C-Dur-Klavierquartett des Fünfzehnjährigen, wenngleich mit aufschlußreichen Veränderungen, übernommen wurde.

Zwei Korrekturen des jetzt fünfundzwanzigjährigen Komponisten sind überaus signifikant: In Takt 4 läßt Beethoven die
auffällige Dynamisierung *pianoforte – pianoforte* des chromatischen Auftakts zur Themenkopfwiederholung weg – eine
etwas äußerlich dramatisierende Manier im Sinn des „emp-

findsamen Stils", wie sie nicht selten Carl Philipp Emanuel Bach zum Beispiel in den ‚Württembergischen Sonaten' oder auch noch gelegentlich der frühe Haydn, so in der ungewöhnlichen c-Moll-Sonate, verwenden. Damit wird eine entwicklungsgeschichtliche Distanz zur willentlichen, aus dem Geist der Improvisation gewonnenen Expressivität des frühklassischen Komponierens spürbar. Dynamisch extrem gesetzte Ausdruckspartien erscheinen bei Beethoven als jederzeit strukturell vermittelt, auch im jähen Wechsel – die etwas vordergründige Attitüde des ursprünglichen Auftaktes entfällt somit. Noch weitreichender erscheint die Veränderung in Takt 6/7, wo die Syntax und die Semantik entscheidend um- und aufgewertet werden: Die stereotype Korrespondenz des frühen Themas wird aufgebrochen, da der viertaktige Nachsatz eine überraschende melodische Erhöhung erfährt und der rein figurative Schluß zuvor, der konventionell die Korrespondenzmelodik erfüllt, in einen intensiven Aufschwung verwandelt wird. Zugleich erscheint die thematische Substanz des Doppelschlags – jetzt nicht mehr auf der Zählzeit Eins, sondern Drei (Takt 7) – abrundend und schwerpunktentlastet in die Schlußphase eingebunden, so daß aus einem gediegenen, konventionellen Achttakter ein diesen Rahmen weiterhin äußerlich erfüllendes, jedoch individuell und unvorhergesehen geformtes thematisches Ereignis wird.

Sonst entspricht der formale Ablauf des Satzes der öfter beim frühen Beethoven feststellbaren monothematischen Reihungsform, die verschiedene Partikel des Hauptthemas aufgreift und innerhalb der einzelnen Formteile umspielt und verarbeitet. Das Ergebnis könnte man als variierte Strophenform bezeichnen, die sich in etwa gleich lange Teile mit unterschiedlich deutlicher thematischer Präsenz gliedert: Teil a (Takt 1–16); Teil a' (Takt 17–31, eher durchführend); Teil a'' (Takt 32–50, reprisenartiger Einstieg); Teil a''' Takt 51–61).

Zwei Auffälligkeiten zeigen innerhalb des noch mit Menuett und Trio bezeichneten dritten Satzes die Besonderheit und damit die Distanz zur Tradition an, die sich schon in der nächsten Sonate in der Satzbezeichnung ‚Scherzo' manifestieren sollte. Einmal wirken in beiden Satzteilen die jeweils wiederholten Hälften im Verhältnis zur Gesamtkürze provozierend unsymmetrisch lang: erster Teil Menuett: 14 Takte; zweiter Teil Menuett: 26 Takte; erster Teil Trio: 10 Takte; zweiter Teil Trio: 23 Takte. Die konventionell in etwa gleichgewichtige Proportion – der zweite Teil fällt aus harmonischen Gründen gelegentlich etwas länger aus, nie jedoch wie hier fast um das Doppelte – wird so gezielt gekippt und gibt dem gesamten Satz etwas Expansives, Auswüchsiges, ja absichtsvoll Verschobenes, Umgebogenes. Dieser Eindruck wird einerseits durch die auffällige Kurzatmigkeit des Menuettmotivs (1 Takt) und seine metrisch irregulären Reihungen, andererseits durch das dazu kontrastierende, durchlaufend gleichbleibende und in den Händen abwechselnde Klangband in Achteln im Trio verstärkt. Endgültig wird die beabsichtigte Brechung des harmlosen Menuett-Trio-Charakters durch zwei eruptive Ausbruchszonen in den jeweils zweiten Teilen offensichtlich: Sowohl die Fortissimo-Partie im Menuett (Takt 24–28), die das Achtelband des Trios vorwegnimmt, wie die verdreifachte *ostinato*-Figuration, die im Trio überraschend zum Fortissimo führt (Takt 59–62) und eine dreitaktige Erstarrung (*piano*, schließlich *pianissimo*) mit punktierten Halben als Reaktion auslöst (Takt 63–65), sprengen das traditionell zu erwartende Form- und Ausdrucksspektrum radikal. Menuett und Trio erhalten dadurch einen dramatischen Entwicklungsimpuls, der sich schließlich als unvermittelter Einbruch erweist und letztlich eine gezielte Demontage der traditionell harmlosen Tanzsatztypen bewirkt beziehungsweise deren tendenzielle Überhöhung in Richtung Scherzo einleitet. Das eingängig unterhaltsame, gelegentlich augenzwinkernd spitzfindige, durchaus in diesem Sinn phantasievoll gestaltete Menuett der klassischen Sphäre explodiert und gerät unvermittelt zum bärbeißigen Scherzo, womit es sich endgültig von der barocken Herkunft löst und die Nabelschnur zum höfischen Tanz durchtrennt.

Finalsätze sind am ehesten von der strengen Erfüllung eines Satztyps entbunden, was zunächst bei Kopfsätzen kaum denkbar ist. Daher changieren sie nicht selten zwischen Rondo und Sonatenhauptsatzform, ja verbinden in verschiedenen Spielarten beide Formprinzipien miteinander, klar begünstigt durch deren natürliche Nähe in der internen Proportionierung. Schon die Doppelstrichsetzung und die Wiederholungsanordnung des ersten Teils weisen den vorliegenden Satz als Sonatenhauptsatz mit Exposition, Durchführung und Reprise aus; im inneren Gefüge jedoch tut man sich schwer, ein wie auch immer kontrastierendes zweites Thema dingfest zu machen. Das Hauptcharakteristikum des gesamtem Satzes, nämlich die ostinat durchlaufende, überhitzt vorwärts drängende Triolenfiguration, bleibt im ersten Teil, also während der gesamten Exposition, präsent; ein eigentliches zweites Thema, das dem dramatischen Wechsel von kadenzierenden Piano- und Forte-Akkordschlägen mit kantablen Antwortfloskeln (Takt 1–12) entsprechen könnte, sucht man vergebens; selbst die ansteigende Skalenbewegung ab Takt 34, die mehrfach wiederholt wird, findet zu keiner harmonischen Konsistenz auf der eigentlich zu erwartenden Tonikaparallele, vielmehr gleitet sie, ausgehend von der ungewöhnlichen Molldominante auf C (Takt 34), ziellos in zwei Anläufen durch die Tonarten, um am Expositionsende zum Hauptthema im affirmativen Fortissimo zurückzukehren (ab Takt 50). Die Durchführung nach dem Doppelstrich beginnt entsprechend ungewöhnlich: Das im ersten Teil nicht aufgetretene zweite Thema auf der Tonikaparallele As-dur scheint jetzt nachgeliefert zu werden – eine vom Achttakter durch Sequenzen zum Zehntakter gedehnte, lapidare melodische Periode (Aufstieg als Akkordbrechung, Abstieg in Skalenbewegung), zwar kantabel vom Charakter her, aber auch etwas unspezifisch, nicht zuletzt durch die stereotype Akkordbegleitung in Vierteln. Die Ausdehnung dieser Phrase allerdings übersteigt entschieden den Bereich des Thematischen (Takt 59–108); die simple Melodik verbindet sich schließlich mit dem Hauptthemenkopf (ab Takt 108) und führt so zur deutlich markierten Reprise zurück (ab Takt 138), die prinzipiell der Exposition entspricht.

Fast wichtiger als eine satztypenspezifische Differenzierung der Formteile Exposition, Durchführung und Reprise mit entsprechenden thematischen Vorgängen scheint bei diesem Satz der rondoartige Wechsel zwischen dominantem Hauptthema – vor allem dessen überhitzter Bewegungsmotorik – und Episoden dazwischen zu sein, wobei die Episode nach dem Doppelstrich als Durchführungsbeginn und zugleich nachgereichtes zweites Thema besondere Bedeutung beanspruchen darf. In diesem Finale deutet sich als Erweiterung des übernommenen klassischen Formanspruchs bereits ein Verfahren an, das dann beim späten Beethoven immer wichtiger werden sollte: Satztypen mit ihren Formprinzipien und entsprechenden Proportionen werden spielerisch miteinander verzahnt und führen einerseits verstärkt zu unverwechselbaren Einzellösungen, andererseits zu einer prinzipiellen Polyvalenz in Form und Architektur.

Die Sonate in A-Dur, op. 2/2
  Erster Satz: Allegro vivace, A-Dur, 2/4-Takt
  Zweiter Satz: Largo appassionato, D-Dur, 3/4-Takt
  Dritter Satz: Allegretto, A-Dur, 3/4-Takt
  Vierter Satz : Grazioso, A-Dur, 4/4-Takt

Die gestisch-prägnante und zugleich lapidar gehaltene Themengestaltung, die ein auffälliges Charakteristikum der Beethovenschen Frühphase ist, findet man auch in diesem Sonatenhauptsatz: Ein oktavierter Quartsprung nach unten wird durch eine schnelle Skalenausfüllung des Komplementärintervalls der Quint in gleicher Bewegungsrichtung beantwortet. Dadurch wird gleich zu Beginn ein dialogisches Moment im Mikrobereich des Motivischen verwirklicht, das über die Themenstruktur hinaus den gesamten Satz charakterisiert. Wir finden nämlich nicht nur eine achttaktige Periode als Hauptthema vor, die selbst als dialogisierender Viertakter gestaltet ist, sondern zugleich eine wiederum dialogisch angeschlossene Erweiterung bis Takt 32, die, als Skalenbewegung aufwärtsgeführt und schließlich im Legato insistierend, dazu lyrisch kontrastiert und sie ausgleicht; zugleich geht diese Periode wie im ersten Satz von op. 2/1 nahtlos in einen Überleitungsteil über (ab Takt 32). So entsteht im Dialog von Bewegungsrichtungen, Artikulationen, klein- und großgliedrigen Phrasen und Satztypen ein vielgestaltig sprechender Hauptsatz, der als Initialimpuls mit einem regelhaft achttaktigen Hauptthema begann.

Die spielerische Verwobenheit der Reihung zeigt dabei durchaus einen augenzwinkernden, leicht ironischen Charakter, der durch gelegentlich überraschende *fortepiano* beziehungsweise *subito forte* verstärkt wird – Beethoven präsentiert sich hier einmal mehr bei allem Tiefsinn und aller expressiven Dramatik als großer Humorist. Dem entspricht auch die schillernde Harmonik des satztechnisch deutlich abgesetzten zweiten Themenbereichs, der als zusätzlicher Überraschungseffekt auf der Molldominante (Takt 58) einsetzt; allerdings verläßt er diese sofort, wiederum mit leicht grotesk wirkenden, ab Takt 64 im Zweitaktabstand aufscheinenden *sforzandi* garniert, und gleitet ruhelos durch die Tonarten, bis unkonventionell-gewalttätig und zugleich ironisch-trotzig ein Teil des ersten Themenkopfes der Periode im *fortissimo* (Takt 76) brüsk ein Ende setzt.

In der vor allem satztechnisch vielfältig ausgeformten Durchführung – vom konventionellen Melodie-Begleitgerüst bis zu barockisierenden Imitationen – dominieren ausschließlich motivische Anteile des Hauptthemensatzes; die Reprise ist bis auf einige unbedeutende Varianten regelmäßig gestaltet.

Ein dialogisierendes Prinzip innerhalb weit dimensionierter Blöcke, das Spiel mit Bewegungsrichtungen, Lagen und daran gebundenen Klangfarben können zusammen mit dem ungewöhnlich weit ausgreifenden Ambitus als die zentralen Merkmale dieses ungewöhnlichen Sonatenhauptsatzes gelten; mit diesen kompositorisch-strukturellen Mitteln gelingt auf der semantischen Ebene ein heiter-ironisches, humoristisch-groteskes Spiel, das gezielt Erwartungshaltungen erzeugt, enttäuscht beziehungsweise an unvorhergesehener Stelle erfüllt – ein fast theatralische Züge annehmendes, vielfältiges Ausdrucksspektrum.

Die Vortragsbezeichnung des zweiten Satzes – Largo appassionato – suggeriert eine leidenschaftlich-gespannte, tiefernste Stimmung, die in ihm auch über weite Strecken umgesetzt wird. Die erneut angewandte variierte Reihungstechnik (vgl. dazu op. 2/1, zweiter Satz) des leicht barockisierend wirkenden Hauptthemas – choralartig gesetzt, gleichsam mit voranschreitenden Bläserakkorden und einer nach Generalbaßmuster verlaufenden Pizzicatobegleitung der Bässe – wird nur einmal durch einen selbständigen Zwischenteil unterbrochen (Takt 20–31), der ein melodisch bewegteres, den nahezu religiösen Ernst des Hauptthemas ergänzendes lyrisches Element im Sinne eines zweiten Themas einbringt. Hieran zeigt sich erstmals in einem langsamen Satz die Beethovensche Tendenz zur Verklammerung unterschiedlicher Formtypen, die bereits beim Finale von op. 2/1 nachgewiesen werden konnte: Die dreiteilige Liedform mit kontrastierendem Zwischenteil erscheint mit der bereits in op. 2/1 im zweiten Satz feststellbaren ‚variierten Strophenform‘ verschränkt. Natürlich besteht auch in diesem Fall von vornherein eine gewisse Nähe zwischen der Proportionierung der beiden Formtypen, so daß sie sich ohne größere Widerstände spielerisch amalgamieren lassen. Die Tendenz zu zwei charakterlich kontrastierenden Themen suggeriert überdies sonatenhauptsatzähnliche Züge. Der leicht barockisierende Einschlag des gesamten Satzes, für den primär das Hauptthema verantwortlich ist, korrespondiert zudem stilistisch mit Anteilen des ersten Satzes, die imitatorisch gesetzt sind, so daß hierdurch zusätzlich eine Hinwendung zum Zyklischen entsteht.

Der dritte Satz markiert als erstes Scherzo innerhalb der Klaviersonaten allein schon durch den verblüffend weit ausgreifenden Ambitus (über viereinhalb Oktaven) und die Satztechnik (gebrochener Dreiklang allein mit nachfolgender akkordischer Bestätigung, wiederum allein in völlig anderer Lage) die Etablierung eines endgültig neuen, vom Menuett trotz der verbliebenen Allegrettobezeichnung abgelösten Satztyps. Den gehobenen Anspruch verdeutlicht formal vor allem der erweiterte zweite Teil – ein Phänomen, das wir bereits in Menuett und Trio von op. 2/1 vorfanden –, der in sich eine dreiteilige Liedform mit melodisch-lyrischem Gegengewicht in gis-Moll als Mittelteil (ab Takt 19) präsentiert. Daran schließt sich ein *quasi*-Trio in a-Moll an, das nicht mehr als solches, sondern als Minore-Teil bezeichnet wird. Dessen durchlaufende Achtelbewegung erfüllt durchaus traditionelle Trio-Erwartungen; allerdings werden diese erneut durch vielfache *sforzandi* im Piano sowie ein gewalttätig insistierendes *fortissimo* am

Schluß unterlaufen. Die Tendenz des Trios aus op. 2/1 wird aufgegriffen und radikalisiert, wodurch es als Satztyp in Scherzo-Nähe gerät und so eine übergreifende charakterliche Einheit der beiden Satzteile erzeugt.

Das Finalrondo schließt nahtlos an Charakter und Struktur des wiederholten Scherzoteils an, wodurch sich für den gesamten Zyklus eine latente Zweiteilung in einerseits die kontrastierenden Sätze eins und zwei, andererseits die korrespondierenden Sätze drei und vier ergibt. Selbst der verblüffend weite Ambitus als leicht groteskes Grundmerkmal vieler Klangereignisse wird sofort durch die sich beschleunigende Auftaktgeste in gebrochenem A-Dur aufgegriffen (über dreieinhalb Oktaven); dieser übermäßige Auftakt wird durch einen fast ebenso weiten, abfedernden Sprung auf der Eins des 2. Taktes (über eine Quart und eine Dezim) ebenso ironisch aufgefangen. Der Initialimpuls wirkt wie eine launig vollzogene, skurrile, den Hörer gezielt verunsichernde Zerdehnung einer häufigen Auftaktgestik zum Hauptthema, das sich anschließend, als wäre nichts Ungewöhnliches geschehen, als melodisch-lyrischer An- und Abstieg in Skalenform und konventionell viertaktigem Umfang präsentiert. Sonst entfaltet sich dieses Rondo konsequent nach dem Modell der Abfolge von Refrain und Couplets, wobei die Refrainteile mit dem Hauptthema jedesmal verändert und dementsprechend unterschiedlich lang werden (a: Takt 1–16; a': Takt 41–56; a'': Takt 100–115; a''': Takt 135–158; a'''': Takt 173–187), aber auch die dazwischen liegenden Couplets Abwandlungen erfahren und von einfach gehaltenen, figurativen Episoden (so ab Takt 17 beziehungsweise sehr ähnlich in Takt 108) bis zu einer ausgeformten zweiteiligen Liedform mit internen Wiederholungen (so ab Takt 57 beziehungsweise Takt 67) reichen. Vielfache *sforzandi* und scharf entgegengesetzte Dynamik (*pianissimo* bis *fortissimo*) geben den weiten chromatischen Linienführungen – zum Teil wiederum über mehrere Oktaven (zum Beispiel Takt 63 f.) – das Profil dramatischer Flächenbildung. Dem skurril gestalteten, übermäßigen Hauptthemenauftakt, der den ironischen Aspekt der gesamten Sonate trägt, ent-

spricht innerhalb des Ablaufs des Finales eine ebenso weiträumige, großflächige Dimension der einzelnen Rondoteile.

Die Sonate in C-Dur, op. 2/3:
  Erster Satz: Allegro con brio, C-Dur, 4/4-Takt
  Zweiter Satz: Adagio, E-Dur, 2/4-Takt
  Dritter Satz: Allegro, C-Dur, 3/4-Takt
  Vierter Satz: Allegro assai, C-Dur, 6/8-Takt

Bereits der Kopfsatz dieser Sonate, die auch mit einem lapidaren Hauptthema als Terzenpendel im *piano* beginnt, zeigt eine
neue Art konzertanter Virtuosität, die in den beiden kammermusikalisch disponierten Sonaten zuvor nicht vorzufinden
ist, herrscht doch in op. 2/1 eine ernst-dramatische, in op. 2/2
eine kapriziös-humoristische Haltung vor. Schon die weiträumigen Figurationen in gebrochenen Dreiklängen und in
Skalen nach dem Hauptthema (ab Takt 13) könnten ohne
weiteres einem Klavierkonzert entstammen, ebenso die wichtigsten Figuren der Durchführung (Takt 91–138). Der Seitensatz exponiert, der großzügigen formalen Disposition entsprechend, zwei lyrisch-melodische Gedanken: in Takt 27 ff., von
g-Moll ausgehend und modulierend, und in Takt 47 ff., das
eigentlich angemessene G-Dur setzend und bestätigend. Der
latenten Ambivalenz zweier gleichberechtigter Themen ist innerhalb des konzertierenden Grundcharakters dieses Satzes ge-
nügend Raum gegeben, beide Themen besitzen eigenes Profil
und eigenen Charakter. Wie zur Bestätigung dieses Befunds
wird dann tatsächlich vor der Coda, die das erste Thema erneut einbringt, ein Takt als frei notierter ‚Eingang‘ eingescho-
ben (nach Takt 232) – eine Art kurze Virtuosenkadenz, wie
sie sich seit Mozart vor allem in Klavierkonzerten vor dem
Wiedereintritt eines Hauptthemas finden läßt.

   Dem konzertanten Anspruch des Kopfsatzes entspricht der
nun endgültig symphonisch weit gespannte Bogen des expressiven Adagios. Verblüffend ist die strukturelle Nähe des Hauptthemas zu dem des Kopfsatzes; durch Verlangsamung, Verein-
fachung und Veränderung der sequenzierenden Bewegungsrichtung entsteht ein überaus sprechendes neues Motiv:

Zum ersten Mal verwirklicht Beethoven in diesem langsamen
Satz den Standardtypus der dreiteiligen Liedform, deren kontrastierender Mittelteil nicht zuletzt durch eine Änderung des
Tongeschlechts (e-Moll) markiert wird: Teil a (Takt 1–10) –
Teil b (Takt 11–42) – Teil a' (Takt 43–82, mit zusätzlich in-
tegriertem und variiertem Teil b). Durch Einbeziehung des
Teils b in a' entsteht erneut eine formale Mehrdeutigkeit, die
einerseits die dreiteilige Liedform erkennen läßt, andererseits
eine gewisse Tendenz zu variierter Zweiteiligkeit aufweist.

Im Scherzo wird in scheinpolyphonen Imitationen eine fortlaufend absteigende Viertelbewegung formuliert, die gelegentlich zum Stillstand kommt – zum ersten Mal nach regelhaft
acht Takten; im zweiten, entschieden weiter ausgedehnten Teil
werden Auftaktgeste, Viertelbewegung und abschließende Kadenz kunstvoll zerspalten und lösen so einen virtuosen, durchlaufenden Verarbeitungsprozeß aus (erster Teil: Takt 1–16;
zweiter Teil: Takt 17–64). Der angeschlossene, jetzt wieder
als Trio bezeichnete, ebenfalls zweiteilige Mollteil mit entsprechend unproportioniertem ersten und zweiten Abschnitt
verläuft wiederum als durchgehende Triolenbewegung in ausschließlich gebrochenen Dreiklängen. Nach der Wiederholung
des Scherzoteils greift eine erstmals angefügte, die Bedeutung
und Emanzipation des Satztyps insgesamt hervorhebende Coda erneut das Kopfmotiv des Scherzo-Hauptthemas als zweifach sequenziertes, unterschiedlich harmonisiertes Ostinato
auf.

Den virtuos-konzertanten Charakter der gesamten Sonate unterstreicht dann endgültig das Finale – bereits die anfängliche Sextakkordkette des viertaktigen Hauptthemas hebt die pianistische Attitüde durch eine sicherlich bis dahin selten zu findende spieltechnische Schwierigkeit hervor. Die Figurationen des erneut zwischen Rondo- und Sonatenhauptsatzelementen changierenden Satzes artikulieren ein konzertant-virtuoses Feuerwerk, das deutlich durch zwei Oktavgänge im *fortissimo* nach mehrfach gesetzten retardierenden Momenten zum wirkungsvollen Schluß findet. Mit op. 2/3 führte sich Beethoven unmißverständlich auch als virtuoser Komponist in die musikalische Welt ein, der durchaus Elemente anderer Gattungsbereiche wie des Konzerts oder der Symphonie für die Klaviersonate nutzte und speziell auf sie zu übertragen verstand. So gehen auch in diesem Falle Tradition und Innovation Hand in Hand, werden die dynamisch-virtuosen Prozesse innerhalb des wohlproportionierten formalen Gerüsts des Sonatenzyklus realisiert; damit zeigen sich erneut die individuelle Erfüllung und zugleich die Erweiterung des klassischen Anspruchs.

## Die erste ‚*Grande Sonate*‘: Die Sonate in Es-Dur, op. 7

Erster Satz: Allegro molto e con brio, Es-Dur, 6/8-Takt
Zweiter Satz: Largo, con gran espressione, C-Dur, 3/4-Takt
Dritter Satz: Allegro, Es-Dur/es-Moll, 3/4-Takt
Vierter Satz: Rondo. Poco Allegretto e grazioso, Es-Dur, 2/4-Takt

Diese Sonate, entstanden 1796/1797 und bei Artaria in Wien im Erstdruck 1797 als ‚*Grande Sonate*‘ erschienen, erweist sich in mehrfacher Hinsicht als wahrhaft ‚groß‘ und zugleich wiederum sehr speziell: Zum einen hat sie nach der unvergleichlichen Hammerklaviersonate op. 106 tatsächlich taktmäßig den größten Umfang und dauert auch mit eingerechneten Temposchwankungen am längsten, zum anderen ist die zwar schon mit op. 2 etablierte Viersätzigkeit zyklisch auf neue Weise erfüllt, was nicht zuletzt für die Proportionen innerhalb und zwischen den Sätzen Bedeutung bekommt. Vor allem der Sonatenhauptsatz (362 Takte) und der dritte Satz, diesmal bezeichnenderweise nicht als Scherzo betitelt (149 Takte ohne Wiederholungen und *da capo*) erhalten eine gewaltige Aufwertung, der einerseits erneut die symphonische Dimension des langsamen Satzes standhält und die andererseits eine alternative Finallösung nahelegt: War innerhalb op. 2 noch deutlich die Tendenz spürbar, durch das Finale eine virtuos-spielerische Steigerung gegenüber den Kopfsätzen zu erreichen – ein Verfahren, das schon in op. 2/3 mit Problemen behaftet war, die sich dann innerhalb der Sonatenkompositionen des 19. Jahrhunderts als Standardprobleme einer gelungenen Finalkonzeption fortschreiben sollten –, so fand Beethoven hier den Lösungsweg einer ausdrucksspezifischen Umlenkung. Ein graziöses Allegretto schafft eine neue charakteristische Ebene, die im Sinne eines entspannten Ausschwingens eine andere und ebenso glückliche finale Wirkung erzeugt; nicht mehr Überbietung von Virtuosität oder gar Dramatik ist angesagt, die wegen der erhöhten Bedeutung der vorangegangenen Sätze, dabei vor allem des ersten, kaum mehr möglich erscheint, sondern das Finale zielt auf eine Lösung als lyrische Entspannung. Die gesteigerte Individualisierung und Emanzipierung der einzelnen Sätze als Ausweis einer wahrhaft ‚großen Sonate‘ verlieren dadurch nicht ihre zyklische Bindung, die ein verfehlter Finalanspruch im Geiste gesteigerter Virtuosität durchaus gefährden könnte. Eine ganz andere Welt am Schluß versöhnt, verbindet und überhöht auf neue Weise.

Wie stark Beethoven selbst dem Stück eine Sonderstellung im Frühwerk zuerkannte, macht nicht zuletzt die Vergabe einer einzelnen Opuszahl zwischen den Gruppen op. 2 und op. 10 deutlich – erst die ‚*Pathétique*‘, op. 13, erhält dann wieder eine eigene Zählung. Sowohl dem größer dimensionierten als auch dem stärker individualisierten Status des Werks und seiner Sätze wird damit auch äußerlich Rechnung getragen.

Wie sehr sich das Große und zugleich Ungewöhnliche bedingen, zeigen bereits die internen Proportionen des motorisch vorangetriebenen ersten Satzes: Einerseits entspricht die

Ausdehnung der Exposition (136 Takte) sowie der zugehörigen Reprise mit ausgedehnter Coda (149 Takte) der weiten Dimensionierung, andererseits steht dem eine verblüffend kurze Durchführung (51 Takte) gegenüber – fast so lang wie die angefügte Coda am Schluß. Dieses eigentümliche Verhältnis läßt auf eine grundsätzliche Gewichtsverlagerung innerhalb der Teile des Sonatenhauptsatzes schließen, die bislang eher zu einer Hervorhebung der Durchführung tendierten. Den Schlüssel für diese Veränderung gibt bereits das erste Thema an die Hand: Auf akkordisch kompakt gesetzte, mit pulsierenden Achteln grundierte Terzfälle in Es-Dur, die einen Viertakter nach klassischem Muster formulieren, folgt ein korrespondierender, jetzt figurativ aufgelöster Viertakter mit ausgefülltem Terzzug als Antwort – rechte und linke Hand tauschen hierbei die Rollen; so wird die achttaktige Periode einerseits konventionell ausgefüllt, andererseits vermag sie sich aufgrund der figurativen Auflösung im Nachsatz nicht zu schließen und treibt zwangsläufig über sich hinaus. Der Figurationsschub wird in Takt 9 weitergeführt und öffnet damit die an sich kompakt angelegte Periodenstruktur für eine anschließende Fortspielung:

So kommt bereits in der Exposition ein vielfältig interaktiver Prozeß in Gang, der dazu tendiert, thematische Konturen im Zusammenhang mit ihrer Setzung zugleich aufzulösen und in energetische Bewegungszüge überzuführen – das bedeutet nichts anderes, als daß Aspekte figurativer Durchführungstechnik bereits den Akt der Themenaufstellung durchdringen. Diese grundsätzliche Tendenz zu figurativer Dynamisierung der thematischen Formen zeigt sich ebenso im Überleitungsmotiv ab Takt 41 wie im lyrisch gemessenen zweiten Thema ab Takt 59 und im vielfältig gestalteten Schlußgruppenkomplex ab Takt 93. Die motivische Substanz weist in allen Fällen über die lapidare Gestik und Kürze hinaus am Ende eine figurative Offenheit auf, die nahtlos in einen Fortspinnungsprozeß übergeht.

Erkennt man in Techniken figurativer Umspielung und Fortspinnung solche, die eigentlich der Durchführung angehören, so wird schnell klar, daß dieser jetzt nicht mehr viel Raum zuteil werden kann, da sich bereits in der Exposition eine Artikulationsmöglichkeit ergeben hat. Auf spielerisch-virtuose Weise finden wir so in diesem Kopfsatz eine Tendenz des späten Beethoven antizipiert, bei dem dann die anspruchsvolleren Durchführungstechniken wie die thematische Verarbeitungs- und Variantenbildung zusehends aus dem Bereich der Durchführung in den von Exposition und Reprise hereingeholt werden.

Der langsame zweite Satz entfaltet sich formal wiederum als in sich wiederholte und variierte zweiteilige Anlage mit latenter Nähe zum Prinzip des Sonatenhauptsatzes, wobei der Veränderungsprozeß dramaturgisch auf verblüffende Weise bereits im Verhältnis der beiden konstitutiven Themencharaktere zueinander angelegt ist: Der spannungsreichen, durch Ausdruckspausen intensivierten Reihung ungewöhnlich kurzer Motivgesten im ersten Thema in C-Dur (Takt 1–8), das den ersten Teil dominiert (Takt 1–24), steht die durchlaufende *quasi*-Pizzicato-Bewegung in As-Dur gegenüber, über der sich ein kantabel gespanntes und zugleich kraftvoll pointiertes (vor allem durch Doppelpunktierungen betontes) zweites Thema erhebt (Takt 25–32). Die fließende Energie des zweiten Komplexes scheint nun bei der veränderten Wiederholung in a' zusehends in diesen Teil hineinzuwandern (Beginn ab Takt 51, besonders ab Takt 65), was konsequenterweise zu einem nur noch verkürzten Auftritt von b' (ab Takt 74) führt und zusätzlich einer weit gespannten, rückblickenden Coda (ab Takt 78) Raum läßt. Damit ist dieses Largo im formalen Aufbau dem langsamen Satz aus der folgenden Sonate in c-Moll, op. 10/1, recht ähnlich, mit dem es auch aufgrund des latent orchestralen Klaviersatzes verbunden zu sein scheint. Beide Sätze entfalten das Konzept einer zweiteiligen, in sich variierten Strophenform mit Tendenz zum Sonatenhauptsatz und einer auffällig abgesetzten Coda.

Wie Skizzenstudien zum dritten Satz ergeben haben, scheint Beethoven zunächst eine Bagatelle geplant zu haben – das eher gemäßigte Allegro des ersten Teils, seine lyrisch-spielerische Grundhaltung mit zugleich kunstvollen wie lapidaren Abspaltungen, Reihungen und überraschenden Gegenbetonungen, alles in einem unaufdringlichen Konversationston gehalten, scheinen dies zu bestätigen. Allerdings kann diese ursprüngliche Intention nicht allein für die von Beethoven überraschenderweise unterlassene Satzbezeichnung als Scherzo/Trio verantwortlich gemacht werden, vielmehr zeigt die formale Gewichtung des Ganzen bereits einen derart ungewöhnlichen Charakter, daß auch von dieser Seite her schwerlich eine konventionelle Satzbezeichnung gegriffen hätte. Dabei verursachen weniger die ungleichwertigen Längenverhältnisse zwischen den jeweils zweiten durchführungsartigen Teilen gegenüber den ersten die entscheidenden satztypischen Probleme – entsprechende Verhältnisse finden sich bereits in op. 2 und können sogar umgekehrt als Ausweis eines Scherzocharakters gegenüber dem Menuettyp angesehen werden – als vielmehr das Gleichgewicht beziehungsweise latente Übergewicht des mit ‚Minore‘ bezeichneten *quasi*-Trioteils. Dessen gespenstisch-dämonischer Charakter, zum Teil mit auffälligem *fortissimo-piano* durchsetzt, in weitgehend rhythmisch *unisono* verlaufenden Achteltriolen markiert unverhohlen das eigentliche Zentrum des Satzes, dem der *quasi*-Scherzoteil eben eher wie eine ‚Bagatelle‘ vorausgeht und in der Wiederholung gegenübersteht. Beethoven sah wohl selbst die berechtigten Scherzo-Trio-Erwartungen in diesem Satz allzusehr unerfüllt, als daß die Bezeichnung Sinn gehabt hätte. Statt dessen entstand hier ein völlig neuartiges, faszinierend dialektisches Kompositum zweier miteinander verspannter Teile; das Scherzos, kaum als Satztyp in op. 2/3 etabliert, erfährt sofort eine Weitung des Horizonts, die es letztlich als formales Stereotyp zurückläßt und individuell überhöht. Die leicht kontrastierende Reihungsform wird umfunktioniert in ein spannungsreiches dialektischen Verhältnis, das spielerisch Vertrautes im Bagatellenton mit dem Einbruch des ganz anderen, Dämonisch-Fremden zusammenzwingt.

Während alle bisherigen Sätze selbstverständlich auf der Tonika begannen, kündigt das Rondo als Finale bereits durch den langgezogenen Einstieg auf der Dominante eine lyrisch-versöhnliche Lösung innerhalb der zyklischen Gesamtanordnung an – die Tonika Es-Dur wird in Grundstellung tatsächlich erst am Ende des variiert wiederholten, viertaktigen Hauptthemas in Takt 8 erreicht. Auch der regelmäßige Bau des Satzganzen verstärkt die ausgleichende Finalgeste, die in entspannt-lyrischer Haltung einen neuen Finaltypus in das Beethovensche Sonatenœuvre bringt. Allerdings werden die regelmäßigen Wechsel zwischen Refrains und Couplets wie so oft bei Beethoven durch verarbeitungstechnische Maßnahmen in die Nähe des Sonatenhauptsatzes gerückt, womit erneut die grundsätzliche Nähe zwischen variativ ausgearbeitetem Rondotyp und dem Grundschema der Sonatenhauptsatzform deutlich aufscheint. Nicht nur diese gezielte formale Ambivalenz, sondern die gesamte Proportionierung dieser ersten ,Grande Sonate‘ zeigen exemplarisch, auf welch virtuose Weise Beethoven zugleich den Ansprüchen klassischer Formprozesse wie deren gleichzeitiger Erweiterung entspricht.

## ,Kontrastierende Ableitung‘: Die Sonaten op. 10

Beethovens Klaviersonaten dürfen in vielfacher Hinsicht als Paradigmen dessen gelten, wie sich logisches Denken und Reichtum der Phantasie ohne Reibungsverluste kompositorisch verbinden lassen. Für die analytische Werkbetrachtung hat sich in diesem Zusammenhang ein Begriff etabliert, der besonders für die Sonaten op. 10 – entstanden zwischen 1796 und 1798, erschienen 1798 in Wien – anwenden läßt: Der *terminus technicus* ‚kontrastierende Ableitung‘, der auf Arnold Schmitz zurückgeht, will besagen, daß sich selbst extrem unterschiedliche, ja gegensätzliche musikalische Charaktere, unter Umständen auf engstem Raum gesetzt, strukturell auf einen gemeinsamen Kern beziehen lassen, von dem aus sie abgeleitet erscheinen. Dieser erschließt sich oft erst dem analytischen Zugriff, selten direkt der hörenden Rezeption, was jedoch der internen Vermittlung zwischen den kontrastierenden Gestaltungen keinen Abbruch tut. Die dialektische Spannung zwischen Besonderem und Allgemeinem hebt sich in diesem kompositorischen Verfahren, ganz im Hegelschen Sinne, mehrfach auf: Das Besondere wird im Allgemeinen bewahrt, überhöht und zugleich auf eine höhere Stufe gesetzt. Der Vollender der Philosophie des deutschen Idealismus war nicht zufällig ein Zeitgenosse Beethovens; in kaum einem anderen Werkbestand lassen sich Grundstrukturen von Musik und philosophischem Denken in ähnlich zwingender Weise aufeinander beziehen. Innerhalb der klanglichen Erscheinungen bedeutet dies, daß sich das Besondere in seinem radikal individuellen Charakter erst in bezug auf einen allgemein gültigen strukturellen Kern erfüllt und umgekehrt. Die Individuierung und Absetzung musikalischer Phänomene, oftmals auf engstem Raum und in schärfstem Kontrast, findet ihre Integration im gemeinsamen strukturellen Grundbestand.

Die Sonate in c-Moll, op. 10/1
  Erster Satz: Allegro molto e con brio, c-Moll, 3/4-Takt
  Zweiter Satz: Adagio molto, As-Dur, 2/4-Takt
  Dritter Satz: Finale. Prestissimo, c-Moll, alla breve

Vor allem der Kopfsatz von op. 10/1 kann als Modellfall kontrastierender Ableitungen gelten; schon eine genauere Betrachtung der Exposition kann dies belegen – ihr soll im folgenden eine exemplarische Detailanalyse gewidmet werden. Auf engstem Raum wechseln in großer Geschwindigkeit die in Charakter und Geste unterschiedlichen Gestaltungen. Das Hauptthema besteht einerseits aus einer achttaktigen Periode mit wiederholten Viertaktern, andererseits gliedern sich diese selbst wiederum irregulär in einen Dreitakter im Forte und einen Eintakter im Piano – hier zeigt sich die nicht selten anzutreffende Tendenz, ein regelmäßiges Äußeres im Inneren zu irregularisieren:

Die strukturellen Bezüge innerhalb dieser scharfen Kontrastierung bereits im Inneren des Hauptthemas erweisen sich bei näherer Betrachtung als ebenso elementar wie zwingend: Auf einen Forte-Akkordschlag folgt dessen scharf punktierte Brechung – auf gewisse Weise eine gestisch überhitzte Form des frühklassischen Thementypus der ‚Mannheimer Rakete‘ –, an die sich erneut die kompakte akkordische Form, jetzt im Piano, anknüpft. Diese wendet sich über das harmonische Scharnier einer Vorhaltbildung am Ende des Viertakters zur Dominante; die sich anschließende Rückführung zur Tonika erfolgt nach demselben Muster. Allein das strukturelle Phänomen des Dreiklangs als Akkord und dessen Brechung bestimmt die kontrastreichen Erscheinungen, wozu sich die Vorhaltbildung als zwingende Verbindung von Tonika und Dominante lapidar hinzugesellt, somit den kompakten Klangereignissen auf akkordischem Feld eine melodisch-lineare Dimension erschließt. Mit diesen beiden strukturellen Phänomenen und der signifikanten Punktierungsrhythmik kommen hier letztlich alle musikalischen Erscheinungsformen aus, nicht nur die der sich anschließenden Fortspinnungspartie ab Takt 9, die sofort die Akkordbrechung – jetzt als kurzen Vorschlag –, die Punktierung und die Vorhaltbildung aufgreift, variiert und zum Themenkopf zurückführt (ab Takt 22). Dadurch ergibt sich über die traditionelle Periodenbildung hinaus ein zusammenhängender dreißigtaktiger Themenblock mit scharfen

dynamischen Kontrasten (*pianissimo*, *fortissimo*), die durch
vielfache Spannungspausen verstärkt werden. Die ‚Sturm-und
Drang‘-Gestik, die notwendig ein überhitztes Tempo erfordert, entfaltet ihre dramatisch-kontrastierenden Gegenüber-
stellungen, ja filmschnittartigen Abbrüche innerhalb einer
elementaren, strukturellen Einheitlichkeit.

Auch das Überleitungsthema ab Takt 32, das einen kantablen Kontrast zum dramatischen Charakter des Hauptthemas
bildet, läßt sich überraschenderweise im Kern auf dieselben
Strukturmerkmale zurückführen:

Auf die gespannte Sext des gebrochenen Dreiklangsintervalls
in der Melodiestimme – die Töne g – es aus Takt 1 werden
direkt aufgegriffen – folgt eine synkopische Vorhaltreihung,
die analog zum ersten Thema zunächst ebenfalls zwei Viertakter enthält, um dann in erweiterter Fortspinnung nach B-Dur,
der Dominante der Tonikaparallele, zu führen. Deren Funktion besteht nach harmonischem Regelkanon darin, wiederum
über Vorhalte und deren Umspielungen tatsächlich Es-Dur zu
erreichen, die vorgesehene Tonart des zweiten Themas ab
Takt 56. Dem Kontrast des dramatischen Hauptthemenblocks
mit der kantablen Überleitungspartie gesellt sich nun ein weiterer in Form des tänzerischen zweiten Themas bei:

Auch dieses Thema läßt sich auf das gleiche strukturelle Potential zurückführen: Auf eine erneut zweigeteilte wiederholte Periode aus acht Takten folgt eine Fortspinnungspartie, die sich zusehends dramatisch auflädt (*crescendo* und *sforzando* ab Takt 66) und schließlich überraschend zum verkürzten Hauptthemenkopf zurückfindet – ein virtuos auskomponierter Übergang vom Tänzerischen zum Dramatischen, der letztlich nur deshalb zwingend möglich war, weil erneut der strukturelle Kernbestand identisch blieb: die Dreiklangsbrechung in Punktierung in den ersten beiden Takten des Themas und anschließend in den zweiten der sich auflösende Vorhalt.

Selbst die Schlußgruppe bezieht sich in fast beängstigender Konsequenz auf dasselbe Grundmaterial. Von Takt 94 an kommen abwechselnd chromatische Vorhaltbildungen und Dreiklangsbrechungen im Baß sowie erneut auftaktig angezielte Vorhaltgesten in den Oberstimmen vor:

Die Vielfalt musikalischer Charaktere, die zwischen dramatischem, kantablem und tänzerischem Gestus – letztlich den grundsätzlich möglichen – abwechseln und darüber hinaus im Inneren der Themenblöcke zum Teil scharfe Kontraste bilden, wird durch die Ableitbarkeit von einem strukturellen Kern – Akkord, dessen Brechung, Vorhalt und punktierte Rhythmik – vereinheitlicht, ohne daß dadurch die kontrastierende Wirkung beschnitten würde. Daß sich dieses exemplarisch dialektische Verfahren als Beziehungsgeflecht zwischen elementaren Strukturbausteinen entfaltet, schmälert nicht seine Wirkung, vielmehr erhalten die individuellen Charaktere gerade dadurch einen über sich hinausweisenden objektivierten Sinn.

An diese verarbeitungstechnisch vorbildlich gestaltete Exposition, die durchaus als Schulbeispiel für Formenlehren dienen könnte, schließt sich eine eigentümliche Durchführung an: Nach dem Einstieg mit dem Hauptthema in Dur (Takt 106–117) setzt ein zwar mit dem tänzerischen zweiten Thema nah verwandtes, dennoch neuartiges thematisches Gebilde ein, das man als eine Art Durchführungsthema bezeichnen könnte; allerdings wird es erneut durch die Akkordbrechung, die Punktierungsgeste kurz – lang – kurz sowie den abschließenden Vorhalt bestimmt. So wird noch einmal die Variabilität der gewählten Grundbausteine vorgeführt, die nicht nur extrem unterschiedliche, sondern auch charakterlich einander nahestehende Themen ermöglicht. Auch die folgende Partie in durchlaufenden Vierteln (ab Takt 136), die sich auf die Begleitung des Überleitungsmotivs der Exposition beziehen läßt und zur nahezu regelhaften Reprise zurückführt – nur das zweite Thema erhält eine auffällige dramatische Umblendung nach Moll –, zeigt innerhalb ihrer bemerkbaren Nähe eine gewisse Eigenständigkeit. Man kann sich des Eindrucks nicht erwehren, daß im Vertrauen auf den grundlegenden strukturellen Kernbestand die Vielfalt der konkreten musikalischen Erscheinungsformen im Verlauf des Sonatensatzes immer weitergetrieben wird. Dabei findet das vielfältig Individuelle, feinsinnig Variierte und jäh Kontrastierende immer seinen übergreifenden Halt in strukturellen Bezügen und Ableitungen.

Der zweite Satz aus op.10/1 entspricht wiederum dem Typus einer zweiteiligen Strophenform mit nahezu gleicher Ausdehnung (erster Teil: Takt 1–44, zweiter Teil: Takt 46–90), an die sich eine symphonisch angelegte, empfindsam überhöhende Coda anschließt (ab Takt 91) – die großartige Wirkung gemahnt erstmals von fern an entsprechende Phänomene in Bruckners Symphonik. Die beiden Hauptteile zeigen im Inneren eine Vielgestaltigkeit und verzierte Variabilität, die sich vom ersten Formteil zum zweiten hin zusätzlich verstärkt. Im

Unterschied zum langsamen Satz in op. 7 umkreisen die verschiedenen Motive jedoch eine charakteristische, weitgehend gleichbleibende Aura, so daß von einem liedhaften Grundcharakter gesprochen werden kann, den die verzierenden Umspielungen fortlaufend kolorieren, statt das Material im Sinne eines Sonatenhauptsatzes durchführungsartig zu verarbeiten.

Diese Tendenz wird wohl auch deshalb vermieden, weil das extreme Finale in schnellstmöglichem Tempo erneut einen starken Themendualismus aufweist – ein gespenstisch dahinhuschendes Kopfthema (Takt 1–8), das im zweiten Teil erstmals das Hauptthema der 5. Symphonie antizipiert (Takt 54 ff.), kontrastiert mit einem ironisch-tänzerischen zweiten Thema (Takt 16–24) –, somit als komprimierter Sonatenhauptsatz angelegt ist. In der Gesamtheit des Zyklus steht also die zweiteilige, in sich variierte Liedform als kantabel-symphonischer Block zwischen den beiden dramatisch überhitzten Sonatenhauptsätzen. Auffallend ist am Finale vor allem gegen Ende der abrupte, schnittartige Stillstand (Takt 106) mit anschließender Tempoverlangsamung, die zu einem improvisatorischen Adagio-Einschub führt (Takt 113): Hier scheint sich noch einmal Carl Philipp Emanuel Bachs empfindsamer Stil aus der Welt der Phantasien (Sammlung ‚Für Kenner und Liebhaber‘) zu Wort zu melden. Der affektive Einbruch wird allerdings bei Beethoven dramaturgisch vermittelt, da er als retardierendes Moment vor der sich verflüchtigenden Schlußgruppe eine gezielte formale Funktion erfüllt.

> Sonate in F-Dur, op. 10/2
>> Erster Satz: Allegro, F-Dur, 2/4-Takt
>> Zweiter Satz: Allegretto, f-Moll, 3/4-Takt
>> Dritter Satz: Presto, F-Dur, 2/4-Takt

> Sonate in D-Dur, op. 10/3
>> Erster Satz: Presto, D-Dur, alla breve
>> Zweiter Satz: Largo e mesto, d-Moll, 6/8-Takt
>> Dritter Satz: Menuetto/Trio. Allegro, D-Dur/G-Dur, 3/4-Takt
>> Vierter Satz: Rondo. Allegro, D-Dur, 4/4-Takt

Die beiden Dur-Sonaten der Gruppe sind durch mehrfache strukturelle Bezüge miteinander verbunden. Erlebt man eine

Gesamtaufführung, so fällt sofort die Ähnlichkeit der motorischen Figuration zwischen dem Ende des Finales von op. 10/2 (ab Takt 141) und dem Hauptthema des folgenden Kopfsatzes von op. 10/3 auf (Takt 1 ff.). Die lapidare Skalenbewegung abwärts wirkt wie aufgegriffen und in die entgegengesetzte Richtung umgebogen, so als solle eine bewußte Anknüpfung wie eine andersartige Weiterführung signalisiert werden – die analoge Tempobezeichnung ‚Presto‘, die für einen Sonatenhauptsatz als Kopfsatz zumindest ungewöhnlich ist, bestätigt zusätzlich diesen Sachverhalt. Des weiteren lassen sich über die terzverwandten Tonarten F-Dur und D-Dur hinaus überraschende harmonische Beziehungen feststellen, am auffälligsten am Reprisenbeginn des ersten Satzes von op. 10/2 (Takt 118 ff.), der völlig ungewöhnlich in der Grundtonart D-Dur von op. 10/3 beginnt. Dieser Einsatz der Reprise wird am Zielpunkt der weitläufigen, über vielfache Sequenzierungen spielerisch gestalteten Durchführung in op. 10/2 durch die Dominante A-Dur und eine nachfolgende Generalpause zwingend eingefordert. Auch im Finale erscheint an signifikanter Stelle inmitten schweifender Sequenzierungen ein achttaktiges, durch einen Orgelpunkt hervorgehobenes und harmonisch fixiertes Feld in D-Dur (Takt 69–76), das als eine Art Reprise im Satzganzen ebenfalls im Sinn einer Antizipation der Grundtonart der folgenden Sonate wirkt. Zudem zeigen die Überleitungsthemen der beiden Sonatenhauptsätze (Takt 19 ff. beziehungsweise Takt 22 ff.), die jeweils den eigentlich lyrisch-kantablen Charakter repräsentieren, ebenfalls in Periodik, Gestik und Rhythmik deutliche Verwandtschaft zueinander. Damit scheinen sich die beiden Dur-Sonaten einerseits bewußt von der dramatischen ‚Sturm-und-Drang‘-Aura in op. 10/1 abzusetzen, andererseits haben sie jedoch über die dargelegten Bezüge hinaus recht unterschiedliche Charaktere. Op. 10/2 entspricht einem ironisch-spielerischen Typus mit vielfachen humorvoll-überraschenden Wendungen und auffällig häufigen Echo-Effekten, die der Sonate eine latent räumliche Dimension geben – in naturhaft anmutender Gestalt finden sie sich im Trio des Mittelsatzes. Schon die extreme

Feingliedrigkeit des Hauptthemas im ersten Satz (Takt 1–4) führt in eine entsprechende Atmosphäre ein. Auch das Fehlen eines langsamen Satzes, der durch ein merkwürdig schleichendes Allegretto mit vielfach sequenzierendem Trio als Mittelsatz ersetzt ist, bestätigt in seiner gedämpften Verhaltenheit den grundsätzlichen Charakter, ebenso wie das leicht karikaturistisch angelegte, monothematische Presto am Schluß, dessen gassenhauerartiges Hauptmotiv sich in scheinpolyphonen Sequenzierungen – die gelegentlich leicht ironisch Fugenexpositionen zu imitieren scheinen – entfaltet und in seiner wiederholten Zweiteiligkeit entfernt an einen robust-tänzerischen Suitensatz erinnert.

Dieser äußerlich recht einheitlichen, im Inneren dennoch vielfältig gefärbten Charakteristik des Zyklus der mittleren Sonate scheint op. 10/3 mit dem einleitenden Presto zunächst durchaus entsprechen zu wollen, doch deuten bereits die Ausmaße des Kopfsatzes eine neue Dimension an: knapp vier Seiten Exposition in op. 10/3 gegenüber etwa zwei Seiten im Kopfsatz von op. 10/2, außerdem eine entsprechend weitläufigere Durchführung mit anschließender variierter Reprise. Auch die motivische Vielfalt der variierten Grundbausteine ist in op. 10/3 entschieden erhöht, der humorvoll-gelassene, gänzlich undramatische Charakter von op. 10/2 hier in vorwärtsdrängende, weiträumige Virtuosität umgelenkt. Daß es sich trotz gewisser Bezüge zur vorangehenden Sonate in op. 10/3 um eine entschieden ambitioniertere Werkkonzeption handelt, belegt schon äußerlich die Viersätzigkeit mit einem galantempfindsamen Menuett mit Trio und abschließendem verspieltem Rondo, dessen Hauptthema, ganz nach dem Prinzip des ersten Satzes, zunächst nach vier Takten stockt (Fermatensetzung), um dann wie bei einem kapriziösen Frage- und Antwortspiel im Sinne des ersten Satzes von op. 10/2 zu verlaufen – erneut ein zusammenhangstiftender Bezug wie ein übergreifender Bogen.

Das auffallendste Ereignis in op. 10/3 ist jedoch der wie in op. 10/1 symphonisch angelegte langsame Satz, der ebenfalls formal zweigeteilt ist – so spannt sich zumindest auf der Ebene des Charakters der langsamen Sätze ein Bogen von der ersten zur dritten Sonate dieser Opuszahl. Gleichzeitig wird in diesem Largo erstmals im Sonatenœuvre ein tragisch-bekenntnishafter Tonfall angeschlagen – nach Anton Felix Schindlers Bericht laut Beethoven auf den Seelenzustand eines der Melancholie Verfallenen gemünzt –, der über die symphonische Dimension hinaus einen affektiven Kontrast in den Sonatenzyklus einbringt. Die gewichtige ‚Dunkelheit‘ dieses d-Moll-Satzes wurde schon von den Zeitgenossen bemerkt, ebenso das letztlich dem Prinzip der kontrastierenden Ableitung nahestehende spezifische Verhältnis zwischen Phantasie und Konstruktivität; in diesem Sinne vermerkt ein anonymer, durchaus kritisch gestimmter Rezensent: „Phantasie, wie sie Beethoven in nicht gemeinem Grade hat, zumal von so guter kenntnis unterstützt, ist etwas schätzbares ...“ Gleichzeitig irritiere ihn jedoch die „dunkle Künstlichkeit“ und die „bizarre Manier“ des Satzverlaufs, der aus unserer Sicht letztlich weit in die musikalische Romantik vorausgreift.

Trotz der aufgezeigten engen Beziehungen kontrastieren also op. 10/2 und 10/3 zugleich erheblich, so daß sich der Eindruck einstellt, daß das Prinzip der kontrastierenden Ableitung, das letztlich eines der strukturellen Details im Satzinneren darstellt, ideell auf das Verhältnis zweier Sonatenzyklen zueinander angewandt wurde, die sich dadurch innerhalb der gesamten Gruppe ebenso gemeinsam von Affektivität und Espressivo der Eingangssonate in Moll abheben, wie sie zugleich untereinander in einer charakteristischen Spannung stehen. So erhält die gesamte Gruppe ein formales und ausdrucksspezifisches Gleichgewicht zwischen den Außensonaten Nr. 1 in Moll und Nr. 3 in Dur und dem spielerisch-ironischen Mittelpunkt der Nr. 2, den man zugleich im Sinne eines lyrischen Intermezzos auffassen kann. Ohne einen übergreifenden Zyklusgedanken konstruieren zu wollen, muß man dennoch anerkennen, daß gerade die Gruppe der Sonaten op. 10 in einer dramaturgisch überlegten und ansatzweise strukturell vermittelten Reihung steht, die zumindest einer Gesamtaufführung nicht im Wege stünde.

# Einbruch des ‚Pathetischen': Die Sonate in c-Moll, op. 13

Erster Satz: Grave/Allegro di molto e con brio, c-Moll, 4/4-Takt/alla breve
Zweiter Satz: Adagio cantabile, As-Dur, 2/4-Takt
Dritter Satz: Rondo. Allegro, c-Moll, alla breve

Diese Sonate entstand 1798/1799, erschien 1799 bei Hoff-meister in Wien im Erstdruck und wurde dem langjährigen Förderer Beethovens, Fürst Carl von Lichnowsky, gewidmet. Der von Beethoven selbst vorangestellte Titel ‚Grande Sonate Pathétique' kann sich hier nicht, wie normalerweise üblich, auf eine Viersätzigkeit mit Scherzo beziehen, sondern wohl auf die langsame Einleitung ‚Grave' des ersten Satzes (Takt 1–10); diese kehrt zudem in ungewöhnlicher Manier an zwei weite-ren formalen Scharnierstellen des ersten Satzes in viertaktiger, modifizierter Kurzfassung wieder – am Beginn der Durchfüh-rung (Takt 133–136) und vor der Coda (Takt 295–298), die noch einmal das Hauptthema des Allegro-Teils bringt. Über-raschenderweise erscheint das Grave nicht am Beginn der Re-prise, wohl um nicht den Entwicklungszug in die Rekapitula-tion zu verzögern. Den Charakter des ‚Großen' vermittelt vor allem der Bezug zur symphonischen Tradition, der die lang-same Einleitung nach Haydnschem Vorbild eigentlich ange-hört, auch wenn sich bereits in Beethovens früher Bonner Sonate in f-Moll, WoO 47, wohl hier unter direktem Einfluß seines Lehrers Christian Gottlob Neefe, eine entsprechende Einleitungspartie findet. Durch ihr mehrfaches Auftreten im ersten Satz von op. 13 ergibt sich im gesamten Verlauf eine ebenso ungewöhnliche wie spannende Dramaturgie zwischen langsamen und schnellen Teilen, die strukturell und gestisch vermittelt werden. Das geschieht erneut auf elementare Weise durch eine analoge Skalenbewegung aufwärts, einen entspre-chenden rhythmischen Einstiegsstau und eine zeitliche Zäsur, im ersten Fall durch einen emphatischen Vorhalt mit Auflö-sung, im zweiten durch eine Synkope hervorgerufen:

Darüber hinaus erscheint der seufzermotivische Vorhalt aus Takt 1 in schnellem Tempo zweimal als korrespondierendes Glied zum motorischen Hauptthema am Beginn der Durchführung (Takt 140/141 und Takt 146/147):

Generell entsprechen die formalen Dimensionen des ersten Satzes wie auch die der leicht modifizierten dreiteiligen Liedform des zweiten und des finalen Rondos normalen Satzverhältnissen, sind sogar eher knapp gehalten und liegen beispielsweise entschieden unterhalb der proportionalen Ausdehnung von op. 2/3, op. 10/3 und op. 7. Auch daraus muß geschlossen werden, daß das Epitheton ‚Grande‘ speziell auf den Einbruch des symphonischen Gestus durch die Wiederkehr der langsamen Einleitung im ersten Satz abzielt; erstmals deutet sich damit in Beethovens reifem Sonantenœuvre eine gattungsübergreifende Tendenz an, die im Spätwerk zur Regel werden sollte, auch wenn, wie in diesem Fall, die Symphonie als Orchestersonate wie eine monumentale Schwester der Klaviersonate durchaus nahesteht.

Aber auch der Charakter des ‚Pathetischen‘ wird signalhaft (*fortepiano*-Beginn) und unmißverständlich durch den kompakten c-Moll-Akkord sowie die zwischen Trauermarschgestik und französischem Ouvertürentyp changierenden Punktierungen mit abschließendem Seufzermotiv in die Klaviersonate eingeführt. Der liedhafte Charakter des Mittelsatzes – Adagio cantabile – bildet dazu ebenso ein lyrisches Gegengewicht wie das durch das Hauptthema melancholisch gefärbte, spielerisch-figurative Rondo. Die Assoziation zur französischen Opernouvertüre, deren langsamer und punktierter Beginn ebenfalls meist mit ‚Grave‘ überschrieben wird, läßt sich problemlos mit der zeitgenössischen Bestimmung des Pathetischen in Einklang bringen. In Johann Georg Sulzers ‚Allgemeiner Theorie der schönen Künste‘ wird sein Ort „vorzüglich in Kirchensachen und in der tragischen Oper" gesehen und vorrangig als ein Affekt, der „das Gemüt mit Furcht, Schrecken und finsterer Traurigkeit" erfüllt.

Tatsächlich erscheint unter all diesen Aspekten die Setzung und Wiederholung des Grave-Teils als zentrales strukturelles wie ausdruckspezifisches Ereignis: Einerseits läßt innerhalb des ersten Satzes die Motorik des eigentlichen Sonatenhauptsatzes ab Takt 11 ein entschiedenes, dennoch vermitteltes Gegengewicht zum großen Pathos des langsamen Teils entstehen. Aus diesem Grund ist der schnelle Teil selbst im Inneren relativ kontrastarm gehalten; sowohl Überleitungsteile wie das zweite Thema verbleiben im prinzipiell bewegten Charakter, ja selbst artikulatorisch zieht sich das vorherrschende Staccato durch alle Teile. Vor allem die lapidar vorwärtstreibenden, formelhaft gesetzten und wenig durchgearbeiteten Begleitfiguren – beim Hauptthema ausschließlich tremolierend gehalten, was gar an einen Klavierauszug erinnert – verleihen dem schnellen Teil eine theatralische Dynamik, die erneut Assoziationen zu Opernmusik zuläßt. Dafür spricht letztlich auch der stimmführungstechnische Dialog in verschiedenen Lagen – die rechte Hand muß übergreifen – innerhalb des zweiten, ungewöhnlicherweise in der Variante es-Moll stehenden Themas (ab Takt 51), das die dramatisch gespannte Stimmung weiterträgt. Zum ‚Pathetischen' des Grave-Teils mit seinem Bezug zur französischen Ouvertüre gesellt sich die dramatische Attitüde einer womöglich imaginären instrumentalen Opernszene.

In diesem Zusammenhang muß auch die letztlich nicht endgültig zu beantwortende Frage aufgeworfen werden, ob in die Wiederholung des Sonatenhauptsatzes das einleitende Grave mit einbezogen werden soll oder nicht. Gewichtigstes Argument dagegen ist die einzige erhaltene Primärquelle der Sonate, nämlich ihr Erstdruck, in dem die Wiederholungszeichen eindeutig an den Beginn des schnellen Teils gesetzt worden sind, vielleicht allerdings erst aufgrund eines späteren Nachtrags. Dafür spricht die den gesamten Satz grundsätzlich durchwirkende Dialektik zwischen langsamen und schnellen Teilen, die in besonderer Weise durch die Schlußgruppe der Exposition ab Takt 121 im Sinne eines auskomponierten Übergangs vermittelt wird: Das nochmals auftretende schnelle Hauptthema führt in eine rhythmische Argumentation, die über eine vor allem durch die Baßlinienführung angestrebte Fermate auf Dominantseptakkorden ebenso zwingend in den Grave-Teil der beginnenden Durchführung überleitet wie in den der Einleitung. Schon Hugo Riemann plädierte in seiner Analyse, in der er vor allem den harmonisch-konstruktiven Zusammenhang nach den Kriterien der Funktionslehre im Auge hatte, mit dem Argument zwingender musikalischer Logik für eine Wiederholung auch des Grave.

Der langsame Satz muß aufgrund seiner thematischen Verhältnisse prinzipiell dreiteilig aufgefaßt werden. Danach ergibt sich folgendes Schema: A1 (Takt 1–8), A1' (Takt 9–16), B (Takt 17–28), A1 (Takt 29–36), C (Takt 37–50), A2 (Takt 51–58), A2' (Takt 59–66), Coda (Takt 67–73). Der Gesamtverlauf kann jedoch zugleich aufgrund der Bewegungsmotorik in durchlaufenden Sechzehnteln und Sechzehnteltriolen auch

zweiteilig, noch dazu in präzis symmetrischen Längenverhältnissen gelesen werden: A (Takt 1–36), B (Takt 37–73). Die
unverschleierte Deutlichkeit der thematischen Verhältnisse –
Formteil C läßt ab Takt 37 einen eindeutig kontrastierenden,
verhalten dramatischen und latent durchführenden Charakter
erkennen, der sich von der liedhaften Periodik des ebenfalls
dreiteilig angelegten ersten Großabschnitts mit A und B abhebt – wie die Bewegungsimpulse in durchlaufenden Duolen
und Triolen legen die Vermutung nahe, Beethoven habe satz-
intern bewußt die Überlagerung einer zwei- und einer dreiteiligen Anlage gesucht.

Dieses Verfahren, gezielt formale Ambivalenzen zu erzeugen, wurde in seiner mittleren Phase weiterentwickelt und er-
füllte sich letztlich in den geheimnisvollen Polyvalenzen seines
Spätstils. Längst etabliert hatte sich dieses Prinzip allerdings
von vornherein in der Anlage des Rondos, das bei Beethoven,
wie auch im Fall des Schlußsatzes von op. 13, häufig Tendenzen des Sonatenhauptsatzes zeigt: Hier tauchen beispielsweise
Teile aus Couplet 1 im Sinne eines Seitensatzes erneut in
Couplet 3 auf. Insgesamt besteht dieses Rondo aus vier gelegentlich leicht veränderten Refrains und drei Couplets, die vor
allem satztechnisch teilweise stark voneinander abweichen –
in Couplet 2 wird beispielsweise ab Takt 79 auffällig das
Tempo verlangsamt und eine merkwürdige Kontrapunktik
entfaltet, die in Stimmführung und Harmonik bereits auf die
Polyphonie der späten Sonaten vorausweist. Als Gesamtsche-
ma ergibt sich folgende Gliederung: A (Takt 1–17), B (Takt
18–60), A (Takt 61–78), C (Takt 79–120), A (Takt 121–133),
D (Takt 134–170, entspricht partiell B'), A (Takt 171–181),
Coda (Takt 182–210). Insgesamt zeigen sowohl der Sonatenhauptsatz als auch die Zyklusbildung eine erstaunliche Ausgewogenheit: Einerseits stehen Grave- und Allegro-Teil gleichgewichtig zueinander, andererseits verhalten sich die liedhafte
Lyrik des zweiten Satzes und die verhaltene Verspieltheit des
dritten ausgleichend zum ersten, ohne jedoch dessen prinzi-
pielles Gewicht, das sich auch in der Namensgebung durch
Beethoven ausdrückt, zu unterlaufen. Der Einbruch von sym-

phonischen und musikdramatischen Tendenzen in die Gattung der Klaviersonate, wodurch dem Affekt des ‚Pathetischen‘ eine neue Dimension erschlossen wird, vollzieht sich innerhalb eines strukturellen wie expressiven Ausgleichs.

## Erstes lyrisches Intermezzo: Die Sonaten op. 14

Die im selben Zeitraum wie die ‚Pathétique‘ komponierten, vielleicht innerhalb des Schaffensprozesses als lyrisch-entspanntes Gegengewicht fungierenden Sonaten erhielten wohl aufgrund ihres äußerlich geringeren Gewichts erneut eine gemeinsame Opuszahl und erschienen 1799 bei Mollo in Wien im Erstdruck. Seither werden sie neben den Sonaten op. 49 gern als Einstiegsliteratur in den Kosmos der Beethovenschen Sonatenwelt benutzt. Tatsächlich scheinen die kompositorische Schlichtheit wie die technisch moderaten Anforderungen sie dazu zu prädestinieren, wobei jedoch die außerordentliche Kunstfertigkeit, in der das Gelingen des Einfachen letztlich immer gründet, und die feinen Differenzierungen innerhalb eines eng gehaltenen Ausdrucksrahmens nicht übersehen werden dürfen.

> Die Sonate in E-Dur, op. 14/1
>> Erster Satz: Allegro, E-Dur, 4/4-Takt
>> Zweiter Satz: Allegretto, e-Moll, 3/4-Takt
>> Dritter Satz: Rondo. Allegro comodo, E-Dur, alla breve

Vor allem im Kopfsatz der ersten Sonate fällt eine grundsätzlich kammermusikalische Disposition auf, die stimmführungstechnisch gelegentlich an eine Übertragung aus dem Streichquartettbereich erinnert – erneut also eine gattungsübergreifende Tendenz. Besonders deutlich wird das innerhalb der Fortspinnungspartie (Takt 5–12) des Hauptthemas, das im einfachen Satztyp einer Melodie mit nachschlagender Akkordbegleitung gehalten ist. Am Anfang wird lakonisch der Kadenzvorgang I – IV – V – I vorgeführt, wobei die Harmonie pro Takt wechselt:

Danach scheinen sich vier Instrumente in verschiedenen Lagen abzuwechseln (Takt 5 und 6), um sodann einen stimmführungstechnisch differenzierten Gesamtklang zu konstituieren. Insofern kann es nicht verwundern, daß Beethoven selbst nachträglich 1801/1802 eine Übertragung dieser Sonate für Streichquartett vornahm, auf die er überaus stolz war – die Fertigkeit, ein Werk aus einem Gattungsbereich in den anderen zu übertragen, auch wenn Satztypik und Zyklusbildung letztlich die gleichen waren, galt als besondere Leistung. Der generell stark dialogisierende Charakter vor allem des ersten Satzes, im Unterschied zu op. 13 allerdings nicht als opernhaft-dramatische Auseinandersetzung, sondern ganz im Sinne einer entspannten Unterhaltung geführt, zieht vielfache Lagenwechsel und unterschiedliche Verhältnisse der Satzdichte nach sich, die entsprechend klangfarblich voneinander abgehoben werden müssen – unversehens wird damit auf anderer Ebene pianistische Meisterschaft gefordert.

Über die recht klar gegliederte Exposition des Sonatenhauptsatzes hinaus – erster Themenblock (Takt 1–22), Überleitungsthema (Takt 22–38), bereits auf der Dominante H-Dur stehend, daher gleitend hinführend zum zweiten Thema (Takt 39–46), Schlußgruppe (Takt 47–56), Coda (Takt 57–60),

das Hauptthema erneut aufgreifend – entfaltet sich ein zwei-
facher Intensivierungsprozeß: Zum einen wird im ersten Themenblock die melodisch weitgefaßte Bewegung zu Beginn mit
unterschiedlich rhythmisierter Figuration und stimmführungstechnischen Verdichtungen ausgefüllt, was zur Folge hat, daß
das erneut erscheinende Hauptthema am Ende des Blocks (ab
Takt 13) eine entschiedene Weiterführung und harmonisch-
klangliche Füllung (ab Takt 16) erfährt; zum anderen erscheint, einer beginnenden Fugenexposition nicht unähnlich,
das skalenförmig auf- und abwärtsgleitende Überleitungsthema zunächst einstimmig (Takt 22–25) und schließt dann in
harmonisch-kadenzierender Vierstimmigkeit (Takt 25/26); der
Vorgang wiederholt sich, um erst ab Takt 31 innerhalb kurzer
Scheinfugatos mit stimmführungstechnischen Lagenwechseln
nach dem Modell der Takte 5 und 6 in den kompakten vierstimmigen Satz des eigentlichen zweiten Themas (ab Takt 39)
einzumünden – erneut gemahnt der klangräumlich aufgefä-
cherte Satz an Lagen und Funktionen der Instrumente eines
Streichquartetts. Der kompositorische Prozeß scheint sich in
beiden Fällen mit zunehmender Bewegungsenergie vollzusau-
gen, durchaus vergleichbar mit dem Vorgang einer immer
angeregter verlaufenden Unterhaltung – ein Bild, das schon
Johann Wolfgang von Goethe im Briefwechsel mit Carl Friedrich Zelter zur Charakterisierung des Streichquartetts bewog:
„Man hört vier vernünftige Leute sich untereinander unter-
halten, glaubt ihren Discursen etwas abzugewinnen ...“
  Im Zentrum der Durchführung steht eine aus dem Auftakt
zum Überleitungsthema ableitbare Skalenfiguration, die jedoch aufgrund ihrer größeren Ausdehnung und melodischen
Präsenz als Doppelschlagsumspielung wie ein selbständiges
Thema wirkt; auch durch die erstmals eingesetzte Begleitung
in akkordisch gebrochenen Sechzehnteln bezieht dieses Durch-
führungszentrum eine extraterritoriale Position (Takt 65–80),
die nur durch das einleitende und rückführende Hauptthema im
Satzganzen integriert erscheint (Takt 61–64 und Takt 81–90).
Dieser lyrisch-verhaltene Ausritt, der ein selbständiges Durchführungsthema andeutet – vielleicht nach dem Vorbild Mo-

zarts –, wirkt in den Beginn der unmittelbar anschließenden Reprise hinein: Das Hauptthema, jetzt im Forte und mit harmonisch gefüllten Oktaven auftretend, wird durch durchlaufende Sechzehntelskalen in der Baßstimme grundiert (Takt 91–93), die innerhalb des ersten Themenblocks eine gewisse Präsenz behalten (erneut Takt 103–105) und dadurch der Reprise einen leicht prozeßhaften Charakter verleihen. Wie in einem gut geführten Diskurs bleibt somit auch in der kompositorischen Umsetzung ein neues, gewichtiges Argument wie ein eigenes Durchführungsthema über einen bestimmten Zeitraum erhalten, selbst wenn der formale Rahmen wechselt.

Auch das Fehlen eines langsamen Satzes bestätigt den lyrisch-diskursiven, grundsätzlich bewegten Charakter des gesamten Werks. Das melancholisch getönte, mit überraschenden *sforzandi* durchsetzte Allegretto scheint die Atmosphäre eines lyrischen Klavierstücks der Frühromantik vorwegzunehmen – man könnte durchaus an ein Schubertsches ‚Moment musical‘ denken –, während das Dur-Trio eher dem Menuett eines frühen Haydnschen Streichquartetts entsprechen könnte – vielleicht ein unbeabsichtigter Rückgriff Beethovens auf den Komponisten, mit dem die Begründung des klassischen Streichquartetts verbunden ist. So ergibt sich ein faszinierendes Verhältnis zwischen dem latenten Vorgriff des ersten Teils auf die Welt der Frühromantik und dem latenten Rückblick des zweiten auf die der Frühklassik.

Das abschließende Rondo mit der ungewöhnlichen Tempovorschrift ‚Allegro comodo‘, das wiederum dem Prinzip des Sonatenhauptsatzes nahesteht, serviert ein kunstvoll-lapidares, gleichsam ‚kommodes‘ Spiel mit Kadenzvorgängen, die nicht selten, wie im Couplet 1 (ab Takt 22) ironisch-schelmische Züge tragen. Schon die leicht irritierenden, witzigen *sforzandi*-Synkopen in der Fortspinnung des Hauptthemas (erstmals Takt 5 und 7) führen in diese Atmosphäre ein. Das harmonische Elementarereignis der Kadenz mit ihren Grundfunktionen wird als geistreich-humorvolles Spiel inszeniert, das Beethoven erneut als großen Humoristen zeigt. Dabei wird noch einmal das prinzipielle Konzept des gesamten Sonatenzyklus

deutlich: Die Klarheit und Schlichtheit des äußeren Erschei-
nungsbilds entpuppt sich als vielschichtiges und kunstfertiges
Gebilde, wobei wie bei kaum einer anderen Sonate der kammermusikalische Gattungsbereich satztechnisch Pate stand.

Die Sonate in G-Dur, op. 14/2
　　Erster Satz: Allegro, G-Dur, 2/4-Takt
　　Zweiter Satz: Andante, C-Dur, alla breve
　　Dritter Satz: Scherzo. Allegro assai, G-Dur, 3/8-Takt

Das Kopfmotiv des ersten Satzes von op. 14/2 entspricht einem bestimmten, elegisch verhaltenen Typus, den Beethoven
mehrfach realisierte – das berühmteste Beispiel hierzu ist wohl
das Albumblatt ‚Für Elise‘. Dessen Grundstruktur besteht aus
einer rhythmisch gleichmäßigen und ökonomischen Ausfüllung des Rahmenintervalls der Oktave mit auftaktigem Gestus. In beiden Fällen figuriert die Bewegung den harmonisch
einfachen Schritt von der Dominante zur Tonika, die schließlich durch den Grunddreiklang als gebrochener Akkord bestätigt wird, dort in a-Moll, in diesem Fall in G-Dur:

Allerdings erhält das Thema hier durch die eigentümliche me-
trische Anordnung, die keinesfalls eine Betonung der Zählzeit
Eins innerhalb der Taktanordnung verträgt, einen zusätzlich
schwebenden Charakter. Man kann sich des Eindrucks nicht
erwehren, Beethoven habe bewußt das melodisch-harmonische Metrum und das vorgezeichnete Taktmetrum gegenein-
ander geschoben und die daraus entstehende feine Spannung

erst in den beiden kadenzierenden Schlußtakten dieser Phrase
gelöst, die dezent durch den kurzen Vorschlag in Takt 6 eingeleitet werden. Der achttaktige Prozeß wirkt wie ein kontinuierlich sich metrisch zurechtrückender Vorgang, der die
Zählzeit Eins als gewichtigstes Maß im Zweivierteltakt nach
und nach zu ihrem Recht kommen läßt: Nachdem zunächst
ein gewisses Gegengewicht auf dem zweiten Achtel liegt, sowohl dem Zielpunkt des Hauptmotivs als der Einsatzstelle der
bestätigenden Harmonik (Takt 1–4), zielt zumindest die melodische Konfiguration ab Takt 5 die schwere Zählzeit an, ab
Takt 6 sogar Zählzeit Eins und Zwei; die harmonisch entscheidende Bestätigung im Sinne eines erreichten Ziels erfolgt
dann jedoch erst beim erneuten Erreichen der Tonika, jetzt
auf der Zählzeit Eins in Takt 8.

Die Wiederholung und harmonisch öffnende Reihung (Takt
3 und 4) des Kopfmotivs führt gleichzeitig im intervallischen
Bereich zur Weitung des Rahmens über die Oktave hinaus zur
Dezime, deren Ausfüllung ab Takt 5 jetzt mehr Zeit und Bewegung benötigt. Dadurch wird wie selbstverständlich ein zunehmender Sog nach vorn erzeugt, der sowohl die Bestätigung
der metrischen Entwicklung als auch die endgültige Konstitu-
ierung einer achttaktigen, gebundenen Periode zum Ziel hat.
Auf diese Weise entfaltet sich ein faszinierender Prozeß, dessen Dramaturgie den Eindruck eines unausweichlichen Wer-
degangs, ja naturhaften Wachstums erzeugt. Die fließende Bewegungsform in durchlaufenden Sechzehnteln, die harmonischen und metrischen Ereignisse sowie die Intervallverhältnisse rufen gemeinsam den Eindruck eines organischen Prozesses
hervor, innerhalb dessen die Entwicklung nach natürlichen
Wachstumsgesetzen, ohne willentlich-verarbeitende Eingriffe
von außen, abzulaufen scheint. Die aneinandergereihten Motive bilden ein zusammenhängendes, gleichsam sich fortpflan-
zendes Kontinuum, das den Eindruck eines weitgespannten
Melodiebogens erzeugt.

Dieser naturhaft-elegische Typus kehrt mehrfach in Beethovens Sonatenœuvre wieder, so beispielsweise im zweiten Satz
von op. 90, in letzter Vollendung im ersten Satz der Sonate in

A-Dur op. 101, den Richard Wagner als Prototyp einer „unendlichen Melodie" bezeichnet hat. Einmal mehr zeigt sich die enorme charakterliche Vielfalt in Beethovens Schaffen – zwischen pathetischen und lyrischen, elegischen und ironischen, dramatischen und epischen Tonfällen. Wie in op. 101 dominiert auch hier die Wesensart des Kopfmotivs im gesamten Satz. Auch wenn sich neues thematisches Material einstellt, verbleibt dieses weitgehend im Rahmen der elegischen Aura, so daß kein eigentlicher Kontrast zustande kommt – weder durch die nahtlos angefügte Fortspinnung des Hauptthemas ab Takt 8 noch durch das zweite Thema ab Takt 26 und dessen ebenso eng angegliederte Fortspinnung ab Takt 33 oder die breit angelegte Schlußgruppe ab Takt 47. Diese repräsentiert noch am ehesten den oftmals für die Sonate konstatierten Dialogcharakter, der auf Schindlers Bericht zurückgeht, wonach sich Lagen- und Hauptstimmenwechsel nach dem Prinzip eines Frage- und Antwortspiels entfalten. Der gesamte Satz gehört sicherlich zu den am wenigsten intern gegensätzlichen, die dialektische Spannung generell meidenden Sonatenhauptsätzen, vermittelt insofern eher einen erzählenden als einen dramatisch-konfliktreichen Tonfall. Damit verweist er, wie übrigens auch der zweite Satz von op. 90 und der erste Satz von op. 101, vom Typus her auf die prinzipiell stärker epische Sonatenkonzeption Franz Schuberts. Diesen Sachverhalt bestätigt auch die Durchführung ab Takt 64, die sich in erster Linie als Reihung gleitender Modulationen entfaltet (vor allem ab Takt 81) und die motivische Gestaltung weitgehend unangetastet läßt. Statt thematischer Arbeit mit Abspaltungen und ähnlichem findet eine Art harmonischer Beleuchtungstechnik statt, die in den Durchführungspartien der letzten Sonaten Schuberts ihren Höhepunkt erreichen sollte. In diese Atmosphäre paßt auch die Anlage des Andante als relativ rasch schreitender Variationensatz – drei Variationen, die eine Art Sublimierungsprozeß durchlaufen – sowie das überraschend als Scherzo bezeichnete Finale, das jedoch mit seinem kapriziös-figurativen Grundcharakter, dem erneut zunächst schwer identifizierbaren Metrum und dem geistreichen,

mehrfach durch Pausen unterbrochenen Gestenspiel dem Typus des ersten Satzes durchaus entspricht. Als Kontrast dazu
wirkt das lyrisch-fließende Trio, das zwischen Takt 73 und
125 einkomponiert ist.

## Zusammenfassung und Rückblick:
## Die Sonate in B-Dur, op. 22

Erster Satz: Allegro con brio, B-Dur, 4/4-Takt
Zweiter Satz: Adagio con molta espressione, Es-Dur, 9/8-Takt
Dritter Satz: Minuetto, B-Dur/g-Moll, 3/4-Takt
Vierter Satz: Rondo. Allegretto, B-Dur, 2/4-Takt

Das 1799/1800 entstandene Werk erhielt im Erstdruck, 1802
bei Hoffmeister in Wien erschienen, den Titel ,*Grande Sonate
pour le Piano Forte*'. Er spielt einerseits auf die neuerliche
Viersätzigkeit an, andererseits weist er jedoch auch auf Beethovens besondere Wertschätzung hin, die ein Brief an den
Verleger (18. 1. 1801) belegt: Hier nennt er sie „eine große
Solo-Sonate", mit dem Zusatz: „diese Sonate hat sich gewaschen …" Sucht man aufgrund dieser Bemerkung nach Auffälligkeiten, die ins Auge und Ohr springen und einen kompositionstechnischen Sonderstatus bestätigen könnten, so wird
man überraschenderweise zunächst nicht fündig. Auch die
deutliche Orientierung an wirkungsvoller pianistischer Spieltechnik übersteigt keineswegs die virtuosen Anforderungen
der vorangehenden Sonaten. Vielmehr kommt man bei näherer Betrachtung des gesamten Werks nicht umhin, den Grund
für die besondere Wertschätzung durch den Komponisten in
der idealtypischen Realisierung des Sonatenzyklus und seiner
Satztypik zu sehen. Diese noch einmal erreichte Erfüllung des
klassischen Anspruchs am Ende der ersten Schaffensphase mag
zugleich der Grund dafür gewesen sein, daß die Sonate zu den
eher selten gespielten und gehörten Stücken zählt. Was der
Komponist unter Umständen als gültige und gelungene Zusammenfassung der Möglichkeiten innerhalb der Gattungsgrenzen
der klassischen Klaviersonate angesehen haben könnte, mag

in der Rezeption als klassizistischer Rückblick gewertet worden sein, der die strukturellen und ausdrucksspezifischen Erweiterungstendenzen von op. 10, besonders op. 13, letztlich auch op. 14 noch einmal beschwichtigend zurücknimmt.

Die gelungene Unauffälligkeit und zugleich harmonische Abrundung gibt der Sonate jedoch ihre spezifische Größe. Sie repräsentiert ohne weitergehende Ambitionen den Status dezenter Vollkommenheit vor dem Aufbruch zu neuerlichen formalen Experimenten und dementsprechend neuen Ausdrucksdimensionen in der nächsten Phase. Der Zyklus wird zum letzten Mal modellhaft erfüllt: Zu Beginn steht ein Sonatenhauptsatz, dem ein formal übersichtliches Adagio folgt, das ebenfalls als Sonatenhauptsatz angelegt ist; danach kommt ein erneut an Haydn erinnerndes Menuett mit Trio, an das sich ein lyrisch-spielerisches Rondo in virtuoser Attitüde anschließt. Kein Satz fällt sonderlich auf oder gar formal und strukturell aus dem konventionellen Rahmen, wie auch das Ausdrucksspektrum moderat bleibt und jedes Extrem vermeidet: keine eklatant gespannte Dramatik im ersten Satz, der dennoch in lockerem ‚con brio‘ thematische Charaktere, die ausreichend Spannungspotential enthalten, und vorwärtsdrängendes Temperament entfaltet; ein empfindsames, lyrisch gestimmtes Adagio, ohne bekenntnishaften, pathetischen Druck, das sich dennoch harmonisch vielfältig getönt und motivisch gestaltenreich gibt und einen zarten, schwärmerischen Ausdruck enthält; das am stärksten wie eine historische Reminiszenz wirkende Menuett mit direkter, tänzerischer Periodenbildung, dem ein figurativ gehaltenes, in durchlaufenden Sechzehnteln umspielendes Minore folgt; schließlich ein erneut figurativ bewegtes, modellhaft gestaltetes Rondo mit einem frühlingshaft blühenden Hauptthema, dessen sanfte, entspannte Allegretto-Lyrik in schulmäßig gefaßter Achttaktigkeit jede bessere Formenlehre zieren könnte:

Hier klingt erneut ein Schubertscher Tonfall an, der zudem eine direkte Brücke zu Beethovens Sonate für Klavier und Violine op. 24, zur ‚Frühlingssonate‘, schlägt. Interessant ist hierbei die Art der Themenbildung, die immer wieder in lyrisch gehaltenen Sonatenhauptsätzen zu finden ist: Nach dem Prinzip des musikalischen Satzes korrespondiert mit einem leicht modifizierten, wiederholten Zweitakter (Takt 1–4) eine sich anschließende und zugleich fortspinnende Entwicklungspartie aus vier Takten, die zur Dominante moduliert und darauf schließt (Takt 5–8).

Bereits dieses unauffällige und dennoch kunstvoll gebaute Rondo-Thema zeigt, daß hinter den wohlausgewogenen Proportionen dieser Sonate diverse Besonderheiten verborgen sind, die der klassizistischen Grundtendenz erst Tiefendimension und Innenspannung verleihen, ohne jedoch vordergründig aufzufallen oder gar zu stören. Eine weitere Besonderheit verdient in diesem Zusammenhang vorrangig Aufmerksamkeit, weil sie zugleich die Grundidee der gesamten Sonate von anderer Seite bestätigt: Das prägnant-spielerische, etwas konventionell-formelhafte Hauptthema des Kopfsatzes mit seiner lapidaren Verzierungsgestik zwischen Doppelschlag und Mordent löst sich etappenweise und nahezu unmerklich in spielerische Figurationsverläufe auf:

67

In Takt 4–7 erscheint zunächst noch ein lyrisch-melodisches, wenn auch motivisch wenig prägnantes Korrespondenzglied zum ersten Viertakter, das danach ab Takt 8 in reine Figuration überführt wird, die allerdings innerhalb der Skalenbewegungen den Gestus des Vorhalts andeutungsweise bewahrt. Die Spannung von thematisch-motivischer Konsistenz, die im ersten Viertakter bereits den Charakter spielerischer Figuration, ab Takt 8 den reiner Figuration aufweist, wobei zugleich ein Minimum an thematischer Substanz beibehalten wird, kennzeichnet den gesamten Kopfsatz wie auch im besonderen das als Gegengewicht fungierende finale Rondo. Dadurch ergibt sich, nebenbei bemerkt, eine latente Dreiteiligkeit im gesamten Zyklus, mit Adagio und Menuett als verhaltenem Mittelblock. Im Verhältnis von thematisch prägnanter Gestaltung und unspezifischer Konfiguration gründet letztlich das Konzept der Sonate überhaupt, da sich aus ihrem Wechselspiel die Architektur aller Satztypen herleiten läßt. Diese Basis der klassischen Sonate scheint Beethoven hier noch einmal spielerisch in ihren Beziehungen, Spannungen und Vermittlungsmöglichkeiten auszuloten. Vor allem die Übergänge und Überführungen zwischen thematischen und figurativen Teilen werden in den Rahmensätzen von op. 22 vielfältig und virtuos auskomponiert. Ein Fluktuieren und Changieren zwischen thematischer Setzung und spielerischer Figurierung gibt ihnen einen besonderen, abgeklärten Charakter. Gerade diese noch einmal vorgeführte kompositionstechnische Souveränität und konzeptionelle Selbstverständlichkeit tragen zum faszinieren-den Charakter des gesamten Werks bei, der sich jenseits struk-turellen Innovationswillens oder drängenden Ausdrucksbedürf-nisses pianistisch-spielerisch entfaltet. Klassische Sonatenkon-zeption wird hier noch einmal fundamental durchgespielt und durchdacht sowie pianistisch vorbildlich realisiert. Insofern hat sich op. 22 mit Beethovens Worten tatsächlich als „Sonate gewaschen ...", als eine Art letzter Vergewisserung vor den nachfolgenden Experimenten.

# Zweite Phase:
## Aufbruch in eine neue Welt

Der Untertitel der Sonatengruppe op. 27 ‚*quasi una fantasia*‘
kann durchaus als Programm für Beethovens zweite Entwicklungsphase verstanden werden. Wiederum scheint sich die Individualität und Unverwechselbarkeit jedes Werks einer Ein-
teilung zu widersetzen; dennoch können zwischen op. 26 und
op. 90 Tendenzen wahrgenommen werden, die es nahelegen,
von einem werkgeschichtlichen Zusammenhang zu sprechen.

Zum einen werden unter dem Aspekt des ‚Phantastischen‘
die Konventionen der Zyklusbildung aufgebrochen: Innerhalb
der opera 2 bis 22 blieb die Abfolge, trotz internen Varianten-
reichtums, prinzipiell unangetastet. Jetzt zeigt gleich der erste
Satz von op. 26, ein Andante con variazioni, daß die Verpflichtung dem zyklischen Stereotyp gegenüber – Sonatenhauptsatzform, langsamer Satz in meist dreiteiliger Liedform,
Scherzo mit Trio, Finale oft als Rondo – außer Kraft gesetzt
wurde. Es gilt zwar weiterhin als eine Möglichkeit neben anderen, ja schimmert zumeist in der gezielten Abweichung als
traditionelle Norm, von der abgewichen wird, hindurch; dennoch wird es in phantastisch-spielerischer Manier zur Disposition gestellt und eröffnet damit eine Vielfalt neuer Formkonzepte, die letztlich eine Übersteigung des klassischen Sonaten-
modells bedeuten.

Dieser Aufbruch verschont auch das formale Grundkonzept
der einzelnen Satztypen nicht. Ihre Proportionen und Funktionen scheinen sich unter dem Druck der zyklischen Modifikationen ebenfalls zu verändern, ihre Individualisierungen
werden weit über den Stand der ersten Phase hinausgetrieben.
Als eines der drastischen Beispiele, das schon Anton Felix
Schindler irritierte, wäre der Sonatenhauptsatz der ‚Sturm-
Sonate‘ op. 31/2 zu benennen, der allerdings nur als Spitze des
Eisbergs zu begreifen ist. Aber auch hierbei ist festzustellen,
daß die Satzmodelle nicht kategorisch verlassen werden, sondern jederzeit als Grundlage und Folie der vollzogenen Vari-

antenbildung erkennbar bleiben. Tradition und Konvention werden modifiziert und aufgebrochen, ohne daß sie gänzlich verraten würden.

Als weiterer Aspekt ist in diesem Zusammenhang bedeutungsvoll, daß sich der weitreichende Einbruch des Phantastischen nicht allein auf formale Prozeduren erstreckt, sondern letztlich als Konsequenz einer vorsichtigen, dennoch unverkennbaren außermusikalischen Orientierung zu begreifen ist, die der Komponist selbst mit der Kategorie des ‚Poetischen‘ oder ‚Charakteristischen‘ versah – so benannte er die dafür entscheidende 6. Symphonie, die ‚Pastorale‘, mit dem Untertitel ‚*Symphonie caractéristique*‘. Sowohl der Einbezug einer ‚*marcia funebre – sulla morte d'un Eroe*‘ als dritter Satz gleich in op. 26 wie der Verweis auf William Shakespeares ‚Sturm‘ im Zusammenhang mit op. 31/2 und natürlich am deutlichsten die direkte Titelgebung der einzelnen Sätze in op. 81a als ‚*Les Adieux*‘ verraten unmißverständlich diese entscheidende Öffnung. Inwiefern sich bereits bei manchen Sätzen der ersten Phase entsprechende Rückbezüge ausmachen ließen beziehungsweise die Lösungen innerhalb der zweiten Phase tatsächlich im einzelnen nachweisbar auf programmatische Absichten bezogen werden können, muß weitgehend offenbleiben, was aber nichts an der Tatsache ändert, daß die strukturelle Hermetik der klassischen Sonatenkonzeption jetzt endgültig und prinzipiell aufgegeben wird. Die Suche nach neuen Formkonzepten in der Zyklusbildung und der Variantengestaltung der Einzelsätze korrespondiert zweifellos mit dieser verstärkten außermusikalischen Orientierung. Beethoven als Meister reiner Instrumentalmusik begann somit gerade durch den Einbezug programmatischer Tendenzen neue Wege der Formbildung zu erschließen.

Nach der Synthese und Konsolidierung des klassischen Sonatenkonzepts erfolgt somit in der zweiten Phase eine entscheidende Individualisierung und damit Erneuerung ihrer Grundlagen; sie vollzieht sich im Durchgang und in der Abhebung vom Gerüst des Zyklus und seiner Satztypen, die auf diese Weise gleichsam im Hegelschen Sinne dreifach aufgehoben erscheinen, nämlich als bewahrt, in der ursprünglichen Gestalt ersetzt und zugleich auf eine neue Stufe gestellt. Damit verschiebt sich die klassische Ausgewogenheit von Typus und Individuum werkspezifisch eindeutig zugunsten der letzteren Kategorie, was man durchaus als grundsätzliches Zeichen der beginnenden Romantik sehen kann. Die nochmals gesteigerte Bedeutung des Einzelwerks und seine radikale Unverwechselbarkeit begründen endgültig den Autonomieanspruch reiner Instrumentalmusik, die sich, von der Kategorie des ‚Charakteristischen‘ getragen, gleichzeitig im Sinn einer absolut gedachten selbst genügt und keiner weiteren Begründungsinstanzen bedarf. Auch der metaphysische Anspruch, den die Musik des fortschreitenden 19. Jahrhunderts zunehmend stellte und gelegentlich in kunstreligiöse Überhöhung trieb, fand im Werk des mittleren Beethoven seine Grundlegung: Musik als Repräsentation geistiger Welten sowie als Klangbild von Pathos und Bekenntnishaftigkeit eines leidenden Subjekts kennzeichnet den Begriff des ‚Charakteristischen‘ und markiert damit den Beginn der musikalischen Romantik. Somit wird die einzigartige historische Position Beethovens als eines Grenzgängers zwischen zwei Epochen deutlich.

## Modifikation des Zyklus: Die Sonate in As-Dur, op. 26

Erster Satz: Andante con Variazioni, As-Dur, 3/8-Takt
Zweiter Satz: Scherzo. Allegro molto, As-Dur, 3/4-Takt
Dritter Satz: Marcia funebre, As-Dur, 4/4-Takt
Vierter Satz: Allegro, As-Dur, 2/4-Takt

Obwohl prominente Vorbilder wie Mozarts Sonate in A-Dur KV 331 existieren – hier steht ebenfalls ein Variationssatz am Beginn –, markiert die erstmalige Modifikation des Sonatenzyklus in Beethovens Œuvre einen deutlichen Umbruch. Wie das Werk in seiner Gesamtanlage und vor allem seine Nachfolger deutlich machen, handelt es sich hierbei nicht um eine beiläufige Spielerei, sondern um eine konzeptionelle Neuorientierung, die epochalen Charakter hat. Vor allem das gänzliche

Fehlen eines Sonatenhauptsatzes, der auch nicht an anderer Position als zu Beginn vorkommt, wirkt zunächst irritierend. Dadurch wird der Zyklus letztlich seines traditionellen Zentrums beraubt, das sich jetzt an anderer Stelle und mit neuen Mitteln formieren muß: Nach dem intermezzoartigen Scherzo mit Trio, das ein vielfach changierendes Wechselspiel im Tongeschlecht zwischen Dur (As-Dur) und Moll (f-Moll) treibt, in der Artikulation zwischen Legato und Staccato dialogisch wechselt sowie mit auf das Finale vorausweisenden getauschten Stimmen operiert – auffälligste Stelle ist wohl im zweiten Teil eine merkwürdige Stillstandspartie (ab Takt 25), die, ähnlich entsprechenden Passagen im Spätwerk, einbrucharttig ein überraschendes Stocken und Erstarren der Bewegungsenergie herbeiführt –, erfüllt die zentrale Funktion jetzt der Trauermarsch auf den Tod eines Helden. Übrigens erklang zu Beethovens eigenem Begräbnis dieser Marsch mit dem unterlegten Text „Im Lenz, in heiterer Abendstille, da trugen sie dich bang hinaus" von Andreas Ludwig Joseph Jeitteles, dem Textdichter der ‚Fernen Geliebten'.

Die Tendenz, der Musik semantische Bestimmtheit zuzuführen, scheint auch im ersten Satz intendiert gewesen zu sein, da für dessen Thema der Komponist selbst eine Textunterlegung in Erwägung zog – bei späteren Bearbeitungen wurde diesem Ansinnen dann durchaus Rechnung getragen. Außer dieser offensichtlich vom Komponisten selbst forcierten Tendenz zur ‚Poetisierung' treten ein verstärkt liedhaft-lyrischer Zug im Thema selbst sowie ein latent epischer Zug auf, der sich innerhalb der fünffachen Variationsreihung zeigt. Sie scheint eine Geschichte zu erzählen – der von Beethoven hochgeschätzte Musikkritiker Friedrich Rochlitz hat gar darüber einen Roman geschrieben –, die sich auffällig abhebt von der dialektisch angelegten und strukturell vermittelten Gestaltung der Sonatenhauptsätze zu Beginn aller Werke der ersten Phase.

Nicht zufällig erfreute sich das Werk vor allem im 19. Jahrhundert besonderer Beliebtheit, der poetische und epische Grundzug machte es zu einem möglichen Modell für die beginnende Romantik – so war es nachweislich eine Lieblingssonate Frédéric Chopins, der sie selbst mehrfach spielte. Diese Favorisierung hielt bis in die dreißiger Jahre des 20. Jahrhunderts, wenn auch bereits abnehmend, an, und erst in der Nachkriegszeit, die ganz im Zeichen eines Neuanfangs der Moderne stand, büßte sie diese dominierende Rolle zusehends ein und gehört heute zu den eher selten gespielten Werken. In diesem Zusammenhang kann man wohl generell anmerken, daß mit dem zunehmenden Interesse an Beethovens Spätwerk unter den Auspizien der kompositorischen Avantgarde so manche Werke der mittleren, ‚romantischen‘ Phase trotz ihrer Aufbruchstendenzen und ihrer Neuorientierung in den Hintergrund traten – die Rezeptionsgeschichte von op. 26 liefert hierfür ein überzeugendes Paradigma.

Das Bewußtsein, neue Wege zu beschreiten, könnte auch der Grund für die relativ langwierige Entstehungszeit des Werks sein. Obwohl die Ausarbeitung für die Jahre 1800 und 1801 belegt ist, reichen Skizzen bis ins Jahr 1795 zurück – ein bislang im Sonaten-Œuvre singulärer Fall. Auch das regelmäßig gebaute, 32 Takte umfassende Thema des Variationssatzes – auf 16 periodisch gegliederte Takte folgen 10 satzartig entwickelte und ein erneut periodisch gegliederter Achttakter als Reprise – findet sich hier in einer ersten Fassung, noch im Sechsachteltakt notiert. Die Veränderung zum Dreiachteltakt der Endfassung signalisiert vor allem, daß Beethoven der liedhaften Melodik mehr Gewicht verleihen wollte, wohl um in aller Deutlichkeit den Ausgangspunkt und die Trägerschaft der folgenden Variationen zu unterstreichen. Diese lassen eine mehrfach durchwobene Dramaturgie erkennen: Zum einen bilden sie eine abwechslungsreiche Folge von Charaktervariationen, die zwar prinzipiell die Themenstruktur formal und harmonisch nachvollziehen, zum anderen allerdings zugleich eine bis dahin kaum gekannte Ausdrucksbreite erreichen, die bei der Interpretation durch leichte Tempomodifikationen innerhalb des gleichbleibenden Grundzeitmaßes hervorgehoben werden kann. Entspricht das Thema selbst einem imaginären Dialog, so die erste Variation einem feierlichen Tanz, die zweite einem flimmernden Klangbild, die dritte ei-

nem Klagegesang, die vierte einem verspielten, leicht grotesken Scherzando und die fünfte einem vorwärtsdrängenden Finale. Strukturell gesehen, belebt Variation eins das Thema figurativ und fächert es im Klangraum auf, bringt die zweite
Variation mit Repetitionen und Nachschlägen in kurzen No-
tenwerten (Zweiunddreißigsteln) ein bewegtes Klangspiel,
greift Variation drei mit entsprechend stark verlangsamtem
Tempo in Moll auf den Trauermarsch des dritten Satzes voraus – das bestätigt nicht nur der gleichmäßige Marschrhythmus, sondern vor allem die gemeinsame, ungewöhnliche Tonart as-Moll –, vermittelt die vierte Variation intermezzoartig
ein weit auseinandergezogenes Klanggestenspiel und drängt
schließlich die figurierte fünfte Variation in deutlicher Bezug-
nahme zur Themenstruktur zielgerichtet auf ein leicht repri-
senartiges Finale.

Innerhalb dieser strukturell und charakterlich vielfältigen
Variationsreihung läßt sich jedoch als zweite dramaturgische
Maßnahme deutlich die Moll-Variation als Zentrum ausmachen, wobei sie letztlich die Konzeption der gesamten Sonate
zu erkennen gibt, die ja auch den Trauermarsch als zentrales
Ereignis im Inneren aufweist. Im Grunde ist im gesamten
Werk das Fehlen eines Sonatenhauptsatzes für diese Zentrierung im Inneren verantwortlich, innerhalb des Variationszy-
klus der hervorgehobene Wechsel des Tongeschlechts nach
Moll. Eine dritte dramaturgische Tendenz des Satzes sucht
nun das Fehlen des Sonatenhauptsatzes und damit die Aufgabe der traditionellen Zyklusbildung zumindest andeutungsweise zu kompensieren. Über die Reihungsvielfalt und die
Zentrierung in der Mitte hinaus läßt sich tendentiell die Zyklusbildung als Modell im Hintergrund ausmachen, da Thema und belebende Wiederholung in der ersten Variation für
eine Art Kopfsatz, die Moll-Variation für einen langsamen
Satz, die tänzerische vierte für ein Scherzo und die fünfte für
ein abschließendes Finale einzustehen scheinen – eine definitive Bestätigung für die Gültigkeit dieser Perspektive liefert der
Schluß, da sich ab Takt 204 nach Vollzug der Variationspro-
portionen überraschend eine Coda anschließt, die sich durch

die verlangsamte Bewegung deutlich abhebt und dem latenten Zyklus eine harmonische Abrundung gibt.

Wichtig ist am eben skizzierten Zusammenhang, daß die Formkonzepte dieses Satzes integrativ, im Sinn verschiedener möglicher Perspektiven, zu sehen sind. Die große Kunst Beethovens erweist sich nicht zuletzt in der virtuosen Fähigkeit zu konzeptionellen Polyvalenzen, deren Aspekte sich nicht ausschließen, sondern überlagern beziehungsweise wechselseitig erfüllen. In das Reihungsprinzip dieses Variationssatzes dringt zugleich eine Zentrierung der Mitte ein, vergleichbar dem Entwicklungscharakter einer latenten Zyklusbildung. Gerade dadurch wird auf der Ebene formaler Prozesse die epische Dimension des Satzes enthüllt, die einen Entwicklungszug im Sinn der Lebensgeschichte eines imaginären Helden erzählen könnte, gleichzeitig aber absolut gedachte Instrumentalmusik bleibt.

Die semantische Dimension und damit die Ebene des ‚Charakteristischen' erhält natürlich im Trauermarsch die deutlichste Bestimmtheit, nahe an der Grenze zu dem, was man später ‚Programmmusik' nennen sollte. Schon die Widmung „Auf den Tod eines Helden" verweist darauf und gibt letztlich den entscheidenden Schlüssel für den Satzverlauf an die Hand. Nicht nur durch Beethovens ‚Eroica', deren auffälligster Satz bekanntlich ebenfalls ein Trauermarsch ist, wird die ästhetische Bedeutung des ‚Heroischen' für Beethovens Komponieren vor allem in der zweiten Entwicklungsphase unterstrichen – hier scheint eine weiterführende Bestimmung und Konkretisierung der Kategorie des ‚Pathetischen' vorzuliegen (vergleiche dazu op. 13). In Beethovens Vorstellungswelt verbindet sich dabei, ganz in Übereinstimmung mit der zeitgenössischen Theorie, das Vorbild einer historischen oder mythischen Person mit der daran geknüpften allgemeinen Idee von Freiheit und heldenhafter Überwindung. Ohne daß sich im vorliegenden Fall eine direkte Zuschreibung vornehmen ließe, zeigt der äußerlich konventionelle Satzverlauf – dreiteilig mit einer Art wiederholtem zweiteiligem Trio in der Mitte – deutlich eine entsprechende Dialektik zwischen subjektiver

Betroffenheit und objektivem Sachverhalt: Der unerbittlich repetierte Punktierungsrhythmus des Marschs, der zunächst keine individualisierte Melodik und kaum harmonische Bewegung zuläßt, suggeriert die objektive Sphäre von Leichenzug und Begräbnis, die allmählich mit subjektiv-empfindsamen, melodisch geführten Klagefloskeln durchsetzt wird (vor allem ab Takt 17). Das Trio hingegen liefert dazu ein wirkungsvolles äußeres Klangbild, da einerseits Trommelwirbel, andererseits Fanfarenstöße beziehungsweise Gewehrsalven mit Echoeffekten klavieristisch umgesetzt werden:

Diesem Szenario folgt als Reprise die Rückbesinnung, die zugleich einen Rückzug von der äußerlichen Klangillustration in den verinnerlichten Reflexionsraum bedeutet.

Gegenüber der Dichte und Wucht dieses suggestiven Klangbildes nimmt sich das lapidar-spielerische Rondo als Finale mit seiner unverkennbaren Tendenz zu einem motorischen *Perpetuum mobile* zunächst merkwürdig unpassend aus, entspricht so gar nicht dem Topos von heldenhafter Überwindung und erkämpftem Ziel. Damit scheint die zyklische Geschlossenheit des gesamten Werks gefährdet, da auf die Proportionierung der gewichtigen Sätze eins und drei mit dazwischen gelagertem Scherzo als Intermezzo kein entsprechendes Gegengewicht als Finale folgt. Wurde das Scherzo als Puffer zwischen dem gewichtigen Variationssatz und dem Trauermarsch durchaus plausibel, so nicht das fast etüdenhaft wir-

kende, an Johann Baptist Cramers damals höchst beliebte
Kompositionen gemahnende Finale, woran auch die bemerk-
bare Tendenz zum Sonatenhauptsatz innerhalb der Rondo-
Anlage und der Wechsel zwischen verspielt-statischen und ent-
wickelnd-verarbeitenden Teilen nichts ändern. Mit der Preis-
gabe der traditionellen Zyklusbildung und seines sinnstiften-
den Zusammenhangs scheint sich mit dieser Sonate zugleich
das Finalproblem erstmals radikal zu stellen: Der Schlußsatz
fungiert nicht mehr primär als virtuoses Gegengewicht, ja finale Überhöhung des Sonatenhauptsatzes am Beginn, sondern
findet in der epischen Auflockerung Ziel und Erfüllung. Damit dürfte Beethoven dem Finalproblem in op. 26 noch halbwegs ausgewichen sein; es sollte jedoch innerhalb der Konzeption der nachfolgenden Werke als zentrales Problem erkennbar bleiben und dort zu definitiven Lösungen geführt werden.

### Einbruch des ‚Phantastischen‘: Die Sonaten op. 27

Die Sonate in Es-Dur, op. 27/1
  Erster Satz: Andante, Es-Dur, alla breve
  Zweiter Satz: Allegro molto e vivace, c-Moll, 3/4-Takt
  Dritter Satz: Adagio con espressione, As-Dur, 3/4-Takt
  Vierter Satz: Allegro vivace, Es-Dur, 2/4-Takt
Die Sonate in cis-Moll, op. 27/2
  Erster Satz: Adagio sostenuto, cis-Moll, alla breve
  Zweiter Satz: Allegretto, Des-Dur, 3/4-Takt
  Dritter Satz: Presto agitato, cis-Moll, 4/4-Takt

Diese beiden Werke tragen nun tatsächlich den Untertitel
‚quasi una fantasia‘. Daß sie deshalb als Phantasien zu bezeichnen wären, die nebenher sonatenhafte Elemente tragen,
würde sicher auf die falsche Spur führen – die eigentliche Gat-
tungsbezeichnung als Sonate bleibt ja bestehen; deshalb gilt es
wohl, mehr noch als in op. 26, die Spuren des Phantastischen
als ästhetischer Kategorie und der Phantasie als improvisato-
risch geprägter Gattung innerhalb der Sonatenkonzeption zu
verfolgen. Zunächst verbindet die beiden 1800/1801 entstandenen Werke mit op. 26 allgemein der äußerliche Abstand zur

zyklischen Konvention, im besonderen das Fehlen eines Sonatenhauptsatzes am Beginn. In Nr. 1 kommt er generell nicht vor, in Nr. 2 erscheint er erst als virtuos-vehementes Finale. Somit fehlt der konstitutive Ausweis der Gattung mit seiner charakteristischen thematischen Grundspannung und den entsprechenden Formteilen als Einstieg in den Zyklus. Im wesentlichen resultierte daraus in op. 26 ein neuartiges Finalproblem, das sich in op. 27 wiederum stellt und jetzt modellhaft gelöst wird. Bestand die Aufgabe eines Finale in Beethovens erster Schaffensphase primär darin, ein adäquates und entsprechend zielgerichtetes Gegengewicht zum eröffnenden Sonatenhauptsatz zu bilden, so daß der Zyklus mit langsamem Satz und Scherzo in der Mitte in einer gewissen Balance gehalten wird, so müssen die Schlußsätze bei dessen Fehlen eine neue Funktion und Legitimation erhalten. Zunächst wird deshalb von vornherein das Gewicht des letzten Satzes entschieden erhöht, das heißt, die Finalgerichtetheit wird zwangsläufig verstärkt und der zyklische Verlauf generell auf sein Ende hin fokussiert. In op. 26 scheint Beethoven dieser neuen Aufgabe noch ausgewichen zu sein, nicht mehr jedoch in den beiden Sonaten op. 27, die jeweils von langsamen Sätzen ausgehen, eine Art Scherzo als weitertreibenden Impuls danach bringen und schließlich zu weit aufgefächerten, energischzielstrebigen Finalsätzen führen. In Nr. 1, wo tatsächlich alle Sätze phantasieartig *attacca* ineinander übergehen, wird das Finale durch eine langsame Einleitung – Adagio con espressione – vorbereitet, die sich gegen Ende des sehr stark mit Lagenwechseln operierenden Rondos als dessen konstitutiver Bestandteil erweist, da am Schluß eine Reminiszenz an sie auftaucht (Takt 256: Tempo 1). Diese erscheint genau an der Stelle, an der letztmals der Refrain auftreten müßte, das heißt, die Reminiszenz ersetzt ihn und behauptet damit ihren Status als integraler Bestandteil einer letztlich zweiteiligen Finalkonzeption. Insofern gliedert sich Nr. 1 trotz der vier Satzbezeichnungen ebenso in drei Teile wie Nr. 2, da hier am Ende zwei traditionelle Satztypen der Sonatenkomposition phantasieartig miteinander verschränkt werden – ein Verfahren, das

Beethoven immer wieder faszinierte und letztlich erneut seinen Willen zu formaler Vieldeutigkeit bestätigt. Zweifellos dominiert in beiden Sonaten erstmals das Finale eindeutig und erscheint von vornherein als anvisiertes Ziel, zu dem die Entwicklung durchbricht.

Womöglich hat Beethoven in dieser eindeutigen Finalgerichtetheit des Sonatenzyklus die Dynamik der jetzt weitgehend fehlenden Sonatenhauptsätze, deren Ziel und Ergebnis nach bewältigten Konflikten in der Durchführung ebenfalls die Reprise und Coda als Schlußteil waren, auf den Gesamtverlauf übertragen. Der Charakter des Finales aus Nr. 2, das zumindest den äußerlich allein nachweisbaren Sonatenhauptsatz darstellt, könnte diese Vermutung insofern bestätigen, als einerseits die Spannung der zwei Hauptthemen von vornherein durch den nahezu gleichbleibenden Erregungszustand und durch das dementsprechend beibehaltene gleiche Tongeschlecht (äußerst ungewöhnlich: erstes Thema in cis-Moll, Takt 1 ff., zweites Thema in fis-Moll, Takt 21 ff.) gemildert erscheint und andererseits zugleich der gesamte Satz über die formale Disposition als Sonatenhauptsatz hinaus wie ein zusammenhängender Energieschub wirkt.

So läßt sich in beiden Sonaten das Beethoven zugeschriebene, dramaturgische Attribut „*per aspera ad astra*" erstmals prototypisch feststellen, wobei die Fallhöhe der vollzogenen Entwicklung in Nr. 2 entschieden größer zu sein scheint. Ob für die ungeheure Innenspannung dieses Zyklus biographische Gründe in Anschlag gebracht werden können, was die Widmung an Gräfin Giulietta Guicciardi, die von Beethoven zeitweise sehr verehrt wurde, nahelegen könnte, sei dahingestellt, wenngleich dieser endgültige Durchbruch in die Klangwelt der musikalischen Romantik des 19. Jahrhunderts gut zu einer entsprechenden autobiographischen Konstellation passen würde. Das fulminante Finale im Presto agitato mit seinen aufschießenden Dreiklangsbrechungen und anschließenden Akkordschlägen stimmt zumindest einen bis dahin nicht gekannten Ton wirkungsorientierten Klavierspiels an, der erstmals die Exaltiertheit und Emphase romantischen Virtuosentums antizipiert – eine Fortsetzung davon läßt sich in der ‚Appassionata‘ und in der ‚Waldstein-Sonate‘ finden.

In diese Welt paßt als Gegenpol der berühmte erste Satz, dem das Stück den von Ludwig Rellstab verliehenen Beinamen ‚Mondscheinsonate‘ verdankt, da es einen Tonfall düster-verhangener Nachtstücke anschlägt, den wir aus der späteren Tradition romantischer Klavierstücke kennen. Der formale Ablauf dieses Satzes, der ganz im Sinn entsprechender Werke Schumanns oder Chopins von einer durchlaufenden Figuration, hier in Achteltriolen, in seiner latenten Dreistimmigkeit zusammengehalten wird und dadurch einen gleichbleibenden Affekt nach Art eines romantischen Stimmungsbildes festhält, bleibt merkwürdig unbestimmt zwischen Sonatenhauptsatz- und Liedformtendenz. Auch an Bachsche Präludien mag der Verlauf erinnern, die ja ebenfalls als barocke Charakterstücke jeweils einen gleichbleibenden Affekt in Musik umsetzen. Vor allem in der formalen Unbestimmtheit zeigt sich einmal mehr die Nähe zum ersten Satz von op. 27/1 und damit erneut die prinzipiell ähnliche formale Disposition: Dort wirkt die beiläufige, herausfordernd schematische Periodenreihung ebenfalls formal relativ offen, läßt zumindest kein eindeutiges Formmodell erkennen, sondern wirkt vielmehr wie die spontane Reihung eines Improvisationsvorgangs, den ein erfahrener Musiker nachvollzieht. In beiden Fällen schließt zudem der nachfolgende Satz *attacca* an – in Nr. 1 ein belebtes, in durchlaufenden Viertelimpulsen gehaltenes Scherzo, das allerdings nicht direkt so benannt ist, in Nr. 2 ein verhaltenes Allegretto mit tänzerischem Trio, das vor allem als belebender Anschluß an die suggestive Nachtszene des ersten Satzes ebenfalls als empfindsames Charakterstück gelesen werden kann. Franz Liszts Wort von der „Blume zwischen zwei Abgründen" ergäbe in dieser Hinsicht durchaus einen Sinn. Da in op. 27/2 auch das Sonatensatzfinale aufgrund der nahezu unentwegt vorwärtsdrängenden Bewegungsenergie zum romantischen Charakterstück tendiert, könnte man diese Sonate latent als wohldisponierte Charakterstückreihung sehen, die dennoch eine zyklische Konzeption in der Sonaten-

tradition behält, op. 27/1 dagegen eher als phantasievoll-ge-
plante Improvisationsreihung, die ebenfalls zugleich eine kalkulierte Zielgerichtetheit aufweist. In beider Sinne entsprechen
die Sonaten dem Anspruch ‚*quasi una fantasia*‘ und belegen
damit, daß klaviermusikalisch die Welt des 19. Jahrhunderts
in Beethovens Œuvre endgültig Tritt gefaßt hat.

## Naturhafte Lyrik: Die Sonate in D-Dur, op. 28

Erster Satz: Allegro, D-Dur, 3/4-Takt
Zweiter Satz: Andante, d-Moll, 2/4-Takt
Dritter Satz: Scherzo/Trio. Allegro vivace, D-Dur/h-Moll, 3/4-Takt
Vierter Satz: Rondo. Allegro ma non troppo, D-Dur, 6/8-Takt

Die Finalgerichtetheit der beiden Sonaten op. 27, die als sou-
veräne Problemlösung einer grundsätzlich modifizierten Zyklusbildung zu verstehen ist, scheint in dieser ebenfalls 1801
entstandenen Sonate wiederum aufgegeben worden zu sein.
Die veränderte Gewichtung verraten schon die Längenverhältnisse: Tatsächlich entspricht die zeitliche Ausdehnung von
Scherzo und Rondo zusammen in etwa derjenigen des ersten
oder zweiten Satzes allein. Die Umwertung der Verhältnisse
im Vergleich zu op. 27 könnte zunächst als Rückwendung zur
Position der ersten Schaffensphase verstanden werden: einerseits zur zentralen Bedeutung des schnellen Sonatenhauptsatzes am Beginn, andererseits zur konventionellen, vollständigen Zyklusbildung mit nachfolgender dreiteiliger Liedform im
langsamen Satz, einem beiläufigen Scherzo mit Trio, und
schließlich einem finalen Sonatenrondo – das klassische Sonatenkonzept scheint nach dem Ausritt in die Welt der Phantasi-
en wiederum in seine Rechte eingesetzt zu sein.

Im Inneren dieser unbezweifelbar traditionellen Gesamtanlage zeigt sich jedoch eine Gestaltungskraft, die durchaus am
Weg ‚*quasi una fantasia*‘ von op. 27 festhält. Vor allem der
Kopfsatz erfährt eine Neuinterpretation der Sonatenhauptsatzform, die weit über alle Variantenbildung der frühen Sonaten hinausgeht. Sie erinnert konzeptionell an Lösungen, die

man im Sonatenschaffen Franz Schuberts finden kann: Bei äußerlich konventionell beibehaltenen Rahmenbedingungen erfahren die Binnenstrukturen entscheidende Veränderungen, die sich vor allem als flächige Dehnung der Proportionen und gezielte Verschleierung formaler Konturen dingfest machen lassen. Bereits der auf den Hamburger Verleger A. Cranz zurückzuführende Beiname ‚Sonata pastorale‘, den auch die Londoner Ausgabe von 1805 trägt, deutet auf Umwegen diese Eigentümlichkeiten an. Zwar liegt hier keine programmatisch orientierte Charakterisierungskunst wie in der späteren Pastoral-Symphonie vor; dennoch finden sich bemerkenswerte gemeinsame Züge, die die analoge Bezeichnung zumindest nicht unsinnig erscheinen lassen. Zunächst fallen vor allem im ersten Satz die häufigen *ostinati* auf, oft als repetierte, ruhig in sich vibrierende Orgelpunkte wie gleich am Beginn. Dadurch wird dem Sonatenhauptsatz von vornherein eine allzu große Zielstrebigkeit, ja auf Auseinandersetzung angelegte Dramatik genommen, vielmehr wird eine klangflächenbetonte, naturhaft wirkende Lyrik erzeugt, die die sanft fallende und anschließend steigend rückgeführte Melodielinie bestätigt:

Völlig ungewöhnlich für die Exposition eines Sonatenhauptsatzthemas ist der vorgezogene, dreifach pulsierende Orgelpunkt im Baß, der den Eindruck erweckt, als habe der Satz längst begonnen. Dieses bestätigt dann auch der harmonisch-melodische Einstieg in Takt 2, der als Tonika-Septakkord erfolgt und somit seinerseits einen bereits vorher ausgeführten Beginn suggeriert. Es wird gleichsam verspätet und beiläufig eingestiegen, selbst die Grundtonart erscheint bereits in eine ruhig-gleitende Bewegung einbezogen – das natürlich wirkende Fallen der melodisch und thematisch zentralen Oberstimme wirkt letztlich als Konsequenz auf die fortgesetzte und unterlegte Septakkordreihung bis zum Umkehrpunkt in Takt 7. Das Hauptthema bildet somit eine integrale melodisch-harmonische Klangfläche, die den Eindruck eines nicht willentlich geformten Ausschnitts, eines naturhaften, längst in Bewegung befindlichen Prozesses macht.

Auch die unregelmäßige Periodenbildung verstärkt das Moment naturhaften, freien Wachstums: Der fallende Vordersatz, eigentlich fünf Takte lang, wird mit dem eintaktigen Initialimpuls zu einem Sechstakter geweitet, mit dem dann ein viertaktiger Aufstieg korrespondiert: Musikalische Prosa, jenseits schematisch fixierter Periodisierung, erscheint als Ergebnis eigengesetzlicher Klangprozesse; das eigentlich achttaktige Modell wird überwuchert und verschleiert.

Noch deutlicher wird diese Tendenz nach dem großen ersten Themenblock (bis Takt 39), der durchaus Schubertsche Dimension zeigt; nach der Überleitung ist nicht eindeutig festzustellen, wo das zweite Thema beginnt: Aufgrund der figurativen Verhältnisse kommen sowohl Takt 63 wie Takt 77 in Frage, aufgrund der definitiv erreichten Dominante ebensogut Takt 91, obwohl die harmonische Wendung hier bereits völlig in ein längst begonnenes klangliches Kontinuum eingebunden ist. Wie im Bereich natürlichen Wachstums grenzen sich die Konturen nicht schematisch und trennscharf voneinander ab, sondern gleiten in weicher Undeutlichkeit ineinander – Richard Wagners Ideal eines sich naturhaft-organisch entfaltenden Tonsatzes findet hier ein erstes Paradigma, ein zweites dann in der späten Sonate op. 101, deren erster Satz zumindest dem von op. 28 ähnelt. Durch diese Nähe zu Kompositionsprinzipien eines Schubert oder Wagner zeigt dieses Werk, wenn auch auf andere Weise als op. 27, seine Zugehörigkeit zur Musik des 19. Jahrhunderts.

Auch der letzte Satz bestätigt mit seinen vielfachen Klangflächenbildungen – *ostinati*, Liegetöne, kreisende Bewegungsformen – über seine äußerliche Disposition als Sonatenrondo hinaus grundsätzlich diese Tendenz. Keinen direkten oder gar dramatischen Kontrast markiert dazu der erzählende Tonfall des Andante, das mit seinen Pizzikatobässen in den Eckteilen von fern an eine imaginäre Opernarie erinnert, noch weniger das kurze Scherzo mit Trio, das mit Witz und Humor in die Welt der in sich kreisenden Klangfiguren des Finale zurückführt. Die unübersehbare strukturelle und ausdruckspezifische Nähe des Finales zum Kopfsatz – es sind fast alle thematischen Formen in selbst für Beethovens Verhältnisse auffälliger Weise aufeinander beziehbar – betont einerseits die Geschlossenheit eines bogenförmigen Verlaufs, andererseits die eigentliche Dominanz des Kopfsatzes, der letztlich als struktureller Ursprung und inhaltlicher Kristallisationspunkt aller weiteren Ereignisse gelten kann – somit erhält der Sonatenzyklus unter neuen Bedingungen seine ursprüngliche Gewichtung zurück.

Innerhalb der grundsätzlich lyrisch-klangflächigen Anlage, der die Kantabilität des zweiten Satzes und der Witz des dritten nur eine andere Farbe geben, ist dennoch nicht zu übersehen, daß die entwicklungsorientierte Grundhaltung des Beethovenschen Sonatenkomponierens erhalten bleibt: Vor allem in den breit angelegten Durchführungen der Ecksätze, aber auch sonst in verschiedenen Überleitungspassagen zeigt sich als zweite Ebene weiterhin die zielgerichtete Durcharbeitungs- und Variationskraft, die schon die Varianten der thematischen Gestaltungen ermöglichte. Entspanntes Wachstum als musikalisches Ausdehnungsprinzip verbindet sich immer wieder mit zielgerichteter Verarbeitungskunst – einmal mehr zeigt sich die ungeheure Breite dessen, was eine Klaviersonate sein kann.

Der Vorgriff auf die Naturmystik der musikalischen Romantik muß als das eigentlich innovative Moment dieses Werks begriffen werden. Sie entwickelt sich zwar, wie auch bei Schubert und später Bruckner, prinzipiell im konventionellen Rahmen, der als notwendiger formaler Außenhalt dient, verursacht jedoch im Inneren eine qualitative Verwandlung der einzelnen Formteile: Weitgehend ohne direkte Dramatik, die in dualistischen Themen gründen würde, entfaltet sich ein nicht weniger zielgerichteter, naturhaft-organischer Prozeß; Konflikte und Auseinandersetzungen zwischen verschiedenen Charakteren weichen ineinandergreifenden Klangflächen und lyrischer Kantabilität.

## Modifikation der Satztypen: Die Sonaten op. 31

Die Sonate in G-Dur, op. 31/1
  Erster Satz: Allegro vivace, G-Dur, 2/4-Takt
  Zweiter Satz: Adagio grazioso, C-Dur, 9/8-Takt
  Dritter Satz: Rondo. Allegretto, G-Dur, alla breve
Die Sonate in d-Moll, op. 31/2
  Erster Satz: Largo/Allegro, d-Moll, alla breve
  Zweiter Satz: Adagio, B-Dur, 3/4-Takt
  Dritter Satz: Allegretto, d-Moll, 3/8-Takt
Die Sonate in Es-Dur, op. 31/3
  Erster Satz: Allegro, Es-Dur, 3/4-Takt
  Zweiter Satz: Scherzo. Allegretto vivace, As-Dur, 2/4-Takt
  Dritter Satz: Menuett/Trio. Moderato e grazioso, Es-Dur, 3/4-Takt
  Vierter Satz: Presto con fuoco, Es-Dur, 6/8-Takt

Die drei Sonaten sind in den Jahren 1801/1802 entstanden
und 1803 (Nr. 1 und 2) beziehungsweise 1804 (Nr. 3) beim
Züricher Verleger und Musikästhetiker Hans Georg Nägeli
erschienen. Bereits dieser betonte in seiner Ankündigung die
„mannigfaltigen Abweichungen von der gewöhnlichen Sona-
ten-Form", eine Bemerkung, die auf verblüffende Weise mit
der von Carl Czerny überlieferten Äußerung Beethovens korrespondiert: „Ich bin mit meinen bisherigen Arbeiten nicht zu-
frieden, von nun an will ich einen anderen Weg beschreiten."
Über die dem Komponisten generell zu selbstkritische Ein-
stellung hinaus zeigt dieses Zitat deutlich einen erneuten
Schritt in ungewohnte Gefilde an.
    Hatte sich bislang der Aufbruch in eine neue Welt seit
op. 26 in erster Linie durch Modifikationen der zyklischen
Anlagen und den Variantenreichtum der prinzipiell beibehaltenen Satztypen abgespielt, so trat spätestens mit op. 31/2 eine neue Dimension hinzu: Die Konzeption einzelner Sätze erreicht hier eine Individualisierung, die den Rahmen der bisher
denkbaren Variantenbildung grundsätzlich übersteigt. Dieser
formalen Gefährdung im klassischen Sinn scheint der Sachverhalt entgegenzuwirken, daß letztmals Sonaten in einer
Dreiergruppe angelegt sind. Damit könnte über die pure Reihung hinaus in diesem Fall eine zusätzliche Aufgabe erfüllt

worden sein, da im Sinne einer zusätzlichen Stabilisierungs-
maßnahme ein unverkennbar zyklischer Bogen über die Ein-
zelsonaten gespannt wird. Trotz der Anlage als drei- beziehungsweise viersätzige Zyklen zeigen Nr. 1 und Nr. 3 mit
ihrem humorvollen, mit vielfachen Täuschungsmanövern operierenden Charakter starke Entsprechungen, die als parallele
Eckpfeiler gegenüber den Extravaganzen von Nr. 2 wirken.
Wenngleich generell die Notwendigkeit von Gesamtaufführ-
rungen von Sonaten, die unter einer Opuszahl zusammengefaßt sind, kaum zu begründen ist, so hätte dennoch eine entsprechende Aufführungspraxis im Fall von op. 31 einen Sinn,
ohne daß dabei ein Anspruch auf Zwangsläufigkeit erhoben
werden soll – ebenso wie natürlich eine zusammenhängende
Aufführung der nicht mehr unter einer Opuszahl publizierten,
dennoch eng verwandten drei letzten Sonaten op. 109 bis 111
sinnvoll erscheint. Diesem Sachverhalt tut auch die etwas spätere Entstehungszeit von Nr. 3 keinen Abbruch, vielmehr
könnte darin sogar eine nachträgliche Bestätigung der zyklischen Gebundenheit gesehen werden.

Vor allem die beiden Kopfsätze in G-Dur und Es-Dur zeigen verblüffende Parallelen: Den rhythmischen Täuschungsmanövern des Hauptthemas in Nr. 1 scheinen die harmonischen in Nr. 3 zu entsprechen; kommt dort in ironisch-spie-
lerischer Weise die rechte Hand bei der kurzatmigen Floskel-
reihung (irreguläre Periodisierung: 11 + 11 + 8 Takte) unentwegt zu früh – ein witziges Spiel mit Vor- und Nachklappern
entsteht –, so wird in Nr. 3 im Hauptthema die erwartete Tonika Es-Dur ständig hinausgezögert und damit die berechtigte
Erwartung getäuscht: Mit *ritardandi* und Fermaten durchsetzt, beginnt der Satz mit einer langwierigen dominantischen
Fixierung, die erst nach einem irregulär unterteilten Achttakter (2 + 4 + 2) kurzfristig die Tonika erreicht und selbst beim
pulsierenden Orgelpunkt auf Es ab Takt 16 keine rechte toni-
kale Stabilität durch die gleitenden Harmonien aufkommen
läßt:

Wird somit im ersten Fall eine klare rhythmische Schwerpunktsetzung irritiert, so im zweiten eine klare Tonikafixierung.

Damit sind jedoch die Korrespondenzen keineswegs er-
schöpft: So kann man einerseits die Einstiegsfiguration des ersten Themas in Nr. 1 als weitgespannten Auftakt, den Beginn
des ersten Themas in Nr. 2 dagegen als beschließenden Ab-
takt begreifen, auch wenn der Quintsextakkord es harmonisch fragend eröffnet. Des weiteren sind in beiden Fällen fi-
gurativ-virtuose Überleitungspartien im Unisono in die großangelegten ersten Themenblöcke als Mittelteile integriert (ab
Takt 30 beziehungsweise ab Takt 25), so daß sich als formale
Konsequenz ohne weitere Überleitung unmittelbar ein zweiter, jeweils tänzerischer Themenblock anschließt (Takt 66 beziehungsweise Takt 46). Zwei relativ gewichtige Schlußgrup-
pen, vor allem in Nr. 3 weitläufig angelegt, beenden jeweils
die somit deutlich dreiteiligen Expositionen.

Aber auch die Durchführungen verlaufen einander entsprechend: In beiden Fällen wird das thematische Material der volkstümlich-tänzerischen zweiten Themen ausgespart, somit dem witzig-ironischen Täuschungsspiel mit den ersten Themen ebenso freier Lauf gelassen wie den virtuosen Überleitungspartien in Skalenformen und Dreiklangsbrechungen – dem stärkeren Gewicht der Schlußgruppe in Nr. 3 gemäß, wird dort dessen Material zusätzlich in den Durchführungsprozeß mit einbezogen. Schließlich weisen die leichten Erweiterungen beider Reprisen ebenfalls Parallelitäten auf, wobei im Kopfsatz von Nr. 1 dadurch auf eine zusätzliche Besonderheit aufmerksam gemacht wird: Wie ein Verweis beziehungsweise Vorgriff auf die harmonischen Spezialitäten des Kopfsatzes in Nr. 3 liest sich eine ungewöhnliche harmonische Konstellation; erneut an Schubertsche Verfahren erinnernd, erscheint das zweite Thema in der Exposition nicht auf der Dominante in D-Dur, sondern mediantisch in H-Dur, später in h-Moll, das auch die Coda prägt (ab Takt 98). Dementsprechend steht in der Reprise, also dem Ausgangspunkt, das zweite Thema quintversetzt in E-Dur beziehungsweise e-Moll. Dieser Schritt entspricht zunächst der Konvention, das zweite Thema in der Reprise nicht mehr auf der Dominante, sondern quintversetzt ebenfalls auf der Tonika erscheinen zu lassen. Dann allerdings wird es in einem weiteren Schritt tatsächlich aus dem mediantischen Bereich in die Grundtonart G-Dur (ab Takt 234) rückgeführt und das ungewöhnliche harmonische Spannungsverhältnis traditionell aufgelöst. Ganz offensichtlich sprechen diese Analogien und Korrespondenzen im strukturellen Bereich für eine Konzeption, die beide Sonaten formal aufeinander beziehen läßt; keinesfalls kann man deshalb, wie gelegentlich geschehen, Nr. 3 als isoliertes Einzelwerk betrachten.

Der zwischen Arien- und Serenadentypus changierende langsame Satz in Nr. 1 entfaltet sich als weiträumige Klangkomposition mit verschiedenen eingeschriebenen Instrumentationstendenzen, vielfachen Verzierungen und eingestreuten Elementen von Solokadenzen, die zusätzlich ein konzertantes Moment ergeben; hier zeigt sich erneut eine faszinierende Polyvalenz in Charakter und Strukturbildung, die auch der formale Ablauf bestätigt: Er verknüpft einerseits Rondo-Elemente mit solchen des Sonatenhauptsatzes und andererseits zusätzlich mit figurativen Variantenbildungen, die einem Variationssatz zu entstammen scheinen. Ein deutliches Rondo bestimmt dann das virtuos-tänzerische Finale nach Art einer Tarantella, dessen Satzfaktur zumindest im Kopfthema verdeutlicht, daß Beethoven wohl ursprünglich an ein Streichquartett dachte – es existiert eine auf vier Systemen notierte Skizze. Die erneut sonatenhauptsatzartigen Tendenzen im Ablauf, die letztlich immer aus der ursprünglichen Reihungsform eine latente Entwicklungsform herauszuschlagen trachten, sind mit klanglichen Variantenbildungen des Hauptthemas verknüpft, die vom traditionellen Melodie-Begleitsatz bis zur polyphon-imitatorischen Fassung reichen.

Ganz in der Tradition zunehmender Modifizierung der Zyklusbildung, die wir seit op. 26 kennen, steht in Nr. 3 die Abfolge der restlichen Sätze: Erstmals in Beethovens Sonatenœuvre findet sich nebeneinander als zweiter Satz ein großdimensioniertes Scherzo in Sonatenhauptsatzform und als dritter Satz ein empfindsames, klassizistisch verhangenes Menuett mit Trio. Ersteres ist, wohl um eine überzeugende Absetzung der nahverwandten Satztypen zu erreichen, im schnellen, motorischen Zweivierteltakt mit vielfachen Staccato-Artikulationen gehalten, letzteres wirkt mit seinen Legato-Kantilenen wie eine Vorwegnahme der kunstvoll-naiven Stimmung der nachfolgenden Sonaten op. 49, die allerdings entstehungsgeschichtlich früher zu datieren sind. Vor allem die historisierende Tendenz des Menuetts aus op. 49 Nr. 2, Moderato e grazioso, kommt dem Menuett in op. 31/3 nahe. Die Tempobezeichnung deutet den Charakter eines letztlich fehlenden langsamen Satzes innerhalb der eigentlich großen, viersätzigen Sonate an – ebenfalls ein absolutes Novum im bisherigen Œuvre – und bildet dadurch überzeugend einen Gegensatz zum virtuosen Finale, das ebenfalls als Sonatenhauptsatz, wenn auch aufgrund der durchlaufenden Triolenfiguration mit stark eingeebneten Kontrasten, angelegt ist.

Trotz der unbezweifelbaren traditionsorientierten Einstellungen in Stil und Technik von op. 31/3 – vor allem das Scherzo zeigt ebenso deutlich barocke Suitensatztendenzen wie das Menuett rokokohafte Züge – muß es wohl als übertrieben angesehen werden, das Werk prinzipiell klassizistisch gebrochen, im Sinne eines ironischen Manierismus fast in der Nähe von Igor Strawinskys Neoklassizismus, zu interpretieren. Beethovens spielerische Rückbezüglichkeiten, die sich mehren sollten, werden eher positiv-humorvoll als verfremdend im Sinn der Moderne eingesetzt. Erwartungshaltungen aufzubauen, auch im Kontext historischer Anspielungen, und diese dann partiell, unerwartet anders oder gar nicht zu erfüllen, gehört prinzipiell zur Poetik des Komponisten und muß nicht auf das Arsenal von Verfremdungstechniken in der neuen Musik bezogen werden. Beethovens Humor liegt näher an Jean-Paulscher Ironie als am grotesken und sarkastischen Charakter mancher Musik des 20. Jahrhunderts, die eine positive Auffassung von musikalischem Humor weitgehend verloren hat. Als interessantes Ergebnis ist jedenfalls für das formale Gesamtkonzept von op. 31 Nr. 3 festzuhalten, daß ein einleitend gemäßigt schneller und abschließend stark beschleunigter Sonatenhauptsatz mit der schnellen Variante eines Scherzos und der langsameren eines Menuetts im Inneren korrespondiert – eine erneute und faszinierende Individuallösung des Zyklus einer Sonate.

Am deutlichsten für den von Beethoven angekündigten „anderen Weg" steht natürlich die Sonate Nr. 2 in d-Moll, die nach Sachlage der Skizzen wahrscheinlich als erste entstand und den Ausspruch wohl provozierte. Vor allem im ersten Satz wird eine bis dahin ungeahnte und unvorstellbare Erweiterung des Prinzips des Sonatenhauptsatzes erreicht, die letztlich, trotz der überzeugenden formalen Proportionierungen, eindeutige Funktionsbestimmungen relativiert. Im Grunde ist diese gravierende Modifikation nur vor dem Hintergrund eines weiteren Aspekts zu verstehen, der dem Werk den Beinamen ‚Sturmsonate' eintrug: Auf die Frage nach dem ‚Schlüssel' für dieses ungewöhnliche Werk soll Beethoven seinem ersten Biographen Anton Felix Schindler geantwortet haben: „Lesen Sie nur Shakespeares Sturm." Damit wird angedeutet, daß für die Ungewöhnlichkeiten des formalen Verlaufs, die vor allem im ersten Satz drastisch sind, außermusikalische Anregungen mitverantwortlich gemacht werden können: ‚Poetische Ideen‘, so der Jargon der Zeit, wirkten bei Beethoven wohl immer schon zusätzlich ‚charakterisierend‘ mit – die 6. Symphonie, die ‚Pastorale‘, die diese Tendenz am deutlichsten widerspiegelt, heißt dementsprechend auch *Symphonie caractéristique*‘ im Untertitel. Noch nie führten außermusikalische Tendenzen jedoch im Satzinneren zu derart radikalen und individuellen Lösungen wie in op. 31/2. Ohne eine detaillierte Zuordnung von Formen oder Handlungssegmenten des ‚Sturm‘ vornehmen zu wollen – Arnold Schering hat in diesem Sinne eine zumindest verblüffende Analyse vorgelegt –, lassen doch die ungewöhnlichen Tempobrüche, der erstmalige Einbezug von Rezitativen im Bereich Beethovenscher Instrumentalmusik sowie die beispiellosen formalen Proportionen auf die Einwirkung eines literarischen Bezugspunkts schließen, ja selbst Aura und Atmosphäre der Musik scheinen intuitiv dem Shakespeareschen Werk nahezustehen. Somit deutet sich erstmals der Einbruch des Poetischen im Sinne eines außermusikalischen Einflusses an, den dann die Pastoral-Symphonie, die Klaviersonate *‚Les Adieux‘* und schließlich die 9. Symphonie direkt und explizit fortsetzen. Der erste Satz der ‚Sturmsonate‘ markiert einen ersten Schritt auf dem Weg zur ‚Fortschrittspartei‘ der ‚neudeutschen Schule‘ mit Berlioz und Liszt bis Wagner und Strauss und damit zur Geschichte der Programmmusik und des Musikdramas im 19. und frühen 20. Jahrhundert. Verbinden sich bei Beethoven bis hin zur 9. Symphonie noch bruchlos ‚poetische Idee‘, die weniger programmatisch nachahmend als vielmehr ideell charakterisierend wirkt, und strukturelle Anforderungen reiner Instrumentalmusik, so geriet dieses Verhältnis im weiteren Verlauf des 19. Jahrhunderts in den Sog einer erbitterten ästhetischen Debatte.

Schon die Frage nach dem eigentlichen Beginn des Sonatenhauptsatzes wirft Probleme auf: Durch den zunächst arpeggierten, dann langsam aufsteigenden Dreiklang im Largo wird zunächst der Eindruck einer langsamen Einleitung etwa nach dem Modell der ‚Pathétique' op. 13 suggeriert, jedoch sofort durch die dramatischen Abzugsfiguren (Takt 3–5) im Allegro und zusätzlich die schnelle Steigerung enttäuscht. Auf die Auflösung im Adagio (Takt 6) folgt eine Wiederholung des Vorgangs, der allerdings entschieden erweitert wird und dann endlich in ein stabiles, dialogisierendes Thema – ab Takt 21 auf der Tonika d-Moll – überleitet (erneute Dreiklangsbrechung in der Tiefe mit anschließendem Kleinsekund-Doppelschlag in der Höhe):

Die Vorstellung, daß jetzt eigentlich der Sonatenhauptsatz beginnt und bislang nur eine wenn auch phantastisch-pittoreske

Einleitung vorlag, wird sowohl bestätigt als auch zweifach enttäuscht: Die langsamen Arpeggien- und Dreiklangsbrechungen
erscheinen überraschenderweise auch am Beginn der Durchführung, gleichsam ihre prinzipielle Bedeutung für den Form-
verlauf des gesamten Satzes unterstreichend, und in stark erweiterter Gestalt, verbunden mit einem weiträumigen, extrem
pedalisierten Rezitativ (6 Takte mit Harmoniewechseln im
Haltepedal!), auch am Reprisenbeginn. Die unbezweifelbar
vokal entworfene Linie mit ihrer ausgreifenden Klage steht
im Zentrum dieses ungewöhnlichen Satzes; das exterritoriale
Ereignis verdrängt gleichsam das dramatisch-dialogisierende
Thema der Exposition in der Reprise und relativiert damit
entscheidend seine Bedeutung als eigentliches Hauptthema.

Ohne an dieser Stelle auf weitere Details des faszinierend
vielschichtigen Verlaufs eingehen zu können – so gibt es beispielsweise kein deutlich markiertes zweites Thema auf der
Tonikaparallele, sondern eine mehrfache Fixierung der Moll-
Dominante (a-moll) –, erscheint es mehr als plausibel, daß diese
radikale Individualisierung des Modells des Sonatenhauptsatzes letztlich ihren Grund im Nachvollzug poetischer Vorstel-
lungen hat – die Nähe zur direkten Aussprache durch das
Rezitativ und der prinzipielle Dialogcharakter der Themen er-
härten diese Hypothese. Allerdings machen die Expansions-
tendenzen das Modell nicht prinzipiell unkenntlich, auch wenn
die Originalität der formalen Lösung keine schematische Erfassung mehr zuläßt: Es kommt zu einer innovativen Formkonzeption auf der Folie des vertrauten Schemas, das zugleich
durchbrochen wird.

Wie im Gegenzug zu dieser formal ausgreifenden Expansion lassen sich innerhalb des Kopfsatzes und zwischen den
Sätzen des Zyklus dieser Sonate überaus deutliche strukturelle
Zusammenhänge ausmachen – wohl ein zusätzlich gesuchter
Außenhalt, dem schon die oben beschriebene Reihung der drei
Sonaten dient. Dreiklangsbrechung und Sekundfortschreitung
prägen nahezu alle melodisch-harmonischen Erscheinungsformen und stellen besonders deutlich eine enge Verbindung
zwischen den Satzanfängen her: Das Adagio beginnt in diesem

Sinne erneut deutlich dialogisierend, während im Allegretto die Intervallverhältnisse in eine Art *Perpetuum mobile* eingebunden sind, somit der dialogische Grundcharakter von Dreiklangsbrechung und Sekundfortschreitung in die durchlaufende Figuration integriert und, seiner dialektischen Spannung beraubt, aufgehoben zu sein scheint.

Das Adagio entfaltet sich insgesamt als Aneinanderreihung von drei Gestaltungsformen: Auf den Anfangsdialog folgen einerseits eine elegische, harmonisch gefüllte und zugleich primär in Skalenbewegung geführte Linie mit weit geschwungener Kantilene, von charakteristisch tremolierenden Paukenbässen begleitet (ab Takt 17), andererseits eine etwas belebtere, klar periodisch gebaute und primär dreiklangsgebrochene Phrase mit konventioneller Baß-Akkord-Begleitung (ab Takt 31). Das dialogische Korrespondenzprinzip des ersten Themas wurde somit auf das Verhältnis zwischen zweitem und drittem Thema ausgedehnt. In vielfachen Vermittlungen und figurativ angereichert, wiederholt sich der gesamte Prozeß und endet mit einer weiträumigen Coda, die auf das bisherige Material zurückgreift. Zwar mag tonal das oben beschriebene zweite Thema in überleitender Funktion gesehen werden, da es vom B-Dur-Bereich über die Wechseldominante C-Dur zur Dominante F-Dur führt; andererseits ist seine Ausdehnung und Charakteristik derart auffällig, daß es letztlich das eigentliche zweite Thema in F-Dur ab Takt 31 überstrahlt. Auch hier wird im Schatten der Tendenz des Sonatenhauptsatzes und der zweiteiligen variierten Liedform mit Coda eine unverwechselbare Individuallösung der Adagioform erreicht, wenngleich nicht mit der drastischen Radikalität wie im ersten Satz. Formale Mehrdeutigkeiten gehören mehr und mehr zur Grundlage Beethovenscher Satzkonstruktionen, die individuelle Eindeutigkeit eines Satzcharakters definiert sich einmal mehr im Wechselspiel zwischen verschiedenen Modellen.

Auch für das abschließende Allegretto in d-Moll, erneut als kontrastarmer Sonatenhauptsatz mit durchlaufender Sechzehntelmotorik gehalten, lassen sich laut Carl Czerny außermusikalische Assoziationen verantwortlich machen. Beethoven habe das Thema improvisiert, nachdem er einen Reiter vorbeigaloppieren sah, und danach den Satzverlauf ausgearbeitet. Die zwangsläufig durch die *ostinato*-Bewegung hervorgerufene Kontrastarmut der Themen wird harmonisch dadurch verstärkt, daß auch hier die eigentlich anzuvisierende, spannungsreiche Durparallele vermieden und statt dessen ein langwieriges Verharren auf h-Moll eingebracht wird (Takt 49 ff.). So wird auf überraschende Weise ein Bogen zum ersten Satz geschlagen, dem genau das gleiche harmonische Verhältnis zugrunde lag. Somit kann die umfangreiche Durchführung nicht aus der Spannung verschiedener kontrastierender Charaktere und einer entsprechenden Dramatik erwirkt werden, als vielmehr durch den Vollzug einer weitläufigen Modulatorik, die immer wieder neue harmonische Zentren aufsucht, fixiert und, durch den beibehaltenen Bewegungsfluß erzwungen, wieder verläßt. Wir haben hier eines der ungewöhnlichsten Finale einer Beethovenschen Klaviersonate vor uns, das einerseits eine gewisse Klangbildlichkeit andeutet, andererseits – damit korrespondierend – beim fast völligen Fehlen einer zielgerichteten Entwicklung und affirmativen Gestik die musikalische Zeit durch fortlaufenden Fluß aufzuheben trachtet und am Ende im *piano* verschwindet.

## Zweites lyrisches Intermezzo: Die Sonaten op. 49

Die Sonate in g-Moll, op. 49/1
  Erster Satz: Andante, g-Moll, 2/4-Takt
  Zweiter Satz: Rondo. Allegro, G-Dur, 6/8-Takt
Die Sonate in G-Dur, op. 49/2
  Erster Satz: Allegro ma non troppo, G-Dur, alla breve
  Zweiter Satz: Tempo di menuetto, G-Dur, 3/4-Takt

Diese beiden als ‚leichte‘ Sonaten, gelegentlich auch als ‚Sonatinen‘ bezeichneten Werke wurden im Jahr 1805 in Wien gedruckt, entstanden jedoch bereits zwischen 1795 und 1798, also etwa gleichzeitig mit den beiden großen Sonaten in Es-Dur, op. 7, und der ‚*Pathétique*‘, op. 13. Die späte Veröffentlichung, die von Beethovens Bruder Karl wohl mit Zustim-

mung des Komponisten betrieben wurde, könnte darauf zu-
rückzuführen sein, daß ursprünglich ein konkreter pädago-
gischer Anlaß hierfür vorlag. Es war ja eine zeittypische
Gepflogenheit, daß für Schüler Stücke komponiert wurden,
die deren jeweiligem technischem Standard entsprachen, so
natürlich auch für die aristokratischen Musikliebhaber, die
bekanntlich Beethovens Weg fördernd begleiteten und nicht
selten Widmungsträger waren. Bis heute haftet den beiden
Werken diese wahrscheinliche didaktische Ausrichtung zu
Unrecht als Makel an, da sie weit über diese Funktion hinaus
einen ersten sinnvollen Einstieg in den Sonatenkosmos zu
bieten vermögen, nicht nur in pianistischer Selbstbescheidung,
sondern durchaus auf einem musikalischen Niveau, das
Beethovens Kunstfertigkeit einfach und klar wiedergibt.
Hierin zeigt sich eine weitere Facette innerhalb der Spannwei-
te von Beethovens kompositorischem Denken: Zum einen
fand der Visionär, der durchaus die Grenzen der üblichen
Spieltechnik und instrumentalen Konvention in vielfacher und
radikaler Weise erweiterte, doch auch den Weg zu pädago-
gischer Angemessenheit; zum anderen erweist es sich, daß
der hohe kompositorische Anspruch in Stil und Technik
durchaus auch in überschaubarer Einfachheit realisiert werden kann.

Letzteres zeigt sich nicht zuletzt erneut im motivischen Bereich: Allen vier Sätzen der beiden Sonaten liegt als eine zentrale Zelle eine drehende Sekundbewegung nach unten zugrunde, die zumeist als Achtel- oder Viertelbewegung den
grundsätzlich lyrischen, kaum je zu Akzentuierungen oder
dramatischen Impulsen gelangenden Charakter fixiert. Einen
weiteren interessanten Aspekt enthüllt ferner die jeweils zweisätzige Zyklusbildung: Wie das flüssige Andante des Kopfsatzes
von Nr. 1, das geradezu ein Schulbeispiel für einen Sonatenhauptsatz ist und dadurch zugleich als Kopfsatz und langsamer zweiter Satz eines konventionellen Zyklus mit nachfol-
gendem Finalrondo im Allegro gelten darf, so entpuppt sich in
Nr. 2 nach dem Sonatenhauptsatz in gemäßigtem Allegro zu
Beginn, der eine für Beethovens Verhältnisse überraschend

kurze Durchführung enthält, das abschließende Tempo di menuetto ebenso zugleich als zweiter langsamer wie schneller Schlußsatz – wiederum legt dies die Anlage des Menuetts als Rondo, der typischen Finalform, nahe. Mit kunstvoll ausgearbeiteten Zwischensatztypen – Sonatensatz-Andante hier, Menuett-Rondo dort – beweist Beethoven auf verblüffende Weise in beiden Werken, wie sich der kleine dreisätzige Zyklus auch in einer zweisätzigen Anlage verwirklichen läßt. Wie sehr dem Komponisten über die angedeuteten motivischen und formalen Bezüge hinaus, die sich detailliert weiter verfolgen ließen, auch die thematischen Einfälle als solche in dieser Zeit nahestanden, belegt nicht zuletzt die gleichzeitige Verwendung des galanten Menuett-Themas aus Nr. 2 im 1799 entstandenen Septett.

## Romantischer Impuls und virtuose Geste: Die Sonaten op. 53, 54 und 57

Die Sonate in C-Dur, op. 53
  Erster Satz: Allegro con brio, C-Dur, 4/4-Takt
  Zweiter Satz: Introduzione. Adagio molto, d-Moll, 6/8-Takt
  Dritter Satz: Rondo. Allegretto moderato, C-Dur, 2/4-Takt

Mit der ‚Waldstein-Sonate‘, 1803/1804 komponiert und 1805 in Wien gedruckt, die ihren Beinamen dem Widmungsträger Ferdinand Graf von Waldstein, einem frühen Förderer Beethovens, verdankt, tritt die Sonatenkomposition einmal mehr in ein neues Stadium: Das in großen Flächen und Blöcken konzipierte Werk verwirklicht trotz seiner latenten Zweisätzigkeit erstmals einen symphonisch-weiträumigen Typus, der die bislang übliche Ausdehnung von Klavier-, aber auch Kammermusikkompositionen erheblich erweitert. Die Klaviersonate erhebt damit den Anspruch, vom Gewicht und von den Proportionen der einzelnen Sätze aus gesehen, in eine gewisse Gleichberechtigung und Gleichwertigkeit neben die Symphonie als repräsentativster Gattung der Instrumentalmusik zu treten. Die formalen Proportionen werden mit klavieristischer

Figuration erfüllt, die den großen Klavierstil der virtuosen Musik des 19. Jahrhunderts von Robert Schumann und Frédéric Chopin bis Franz Liszt und Johannes Brahms mit begründet hat. Das weitgespannte Laufwerk mit vielfachen Akkordbrechungen über mehrere Oktaven hinweg – auch der übliche Tonumfang von fünf Oktaven wird in diesem Werk erstmals überschritten, da er vom Kontra-F bis zum a'''' reicht –, die flächigen Repetitionen und *ostinati* sowie die raumgreifenden, immer wieder etwas anders geführten Skalenbewegungen dienen jedoch nicht dem pianistischen Selbstzweck, sondern konstituieren und beleben auf klavieristische Weise die angezielten formalen Großblöcke. Damit wird letztlich das Fehlen der orchestralen Möglichkeiten einer symphonischen Instrumentation auf spezifisch pianistische Weise kompensiert, mit dem Nebeneffekt, daß die Geburtsstunde glanzvoller romantischer Virtuosität schlägt – nicht zufällig handelt es sich bei der ‚Waldsteinsonate‘ um eines der beliebtesten Wettbewerbsstücke. Damit geht zwangsläufig eine nicht zu leugnende Reduktion der motivisch-thematischen Arbeit einher, die von jeher in einem kritischen Spannungsverhältnis zum Komponieren in großflächigen, figurativ gebundenen Klangblöcken steht. Die Diskursivität variativ aufeinander bezogener Gestaltungen kollidiert bis zu einem gewissen Grad mit der großen Virtuosengeste.

Ursprünglich sollte diese erste symphonisch disponierte Klaviersonate auch als Zyklus diese Größe widerspiegeln: An zweiter Stelle stand ein lyrisch-kantables, ebenfalls formal weitgespanntes Andante in F-Dur, das Beethoven dann allerdings ausmusterte und das seither als ‚Andante favori‘ ein Leben als vereinzeltes Charakterstück führt. Letztlich ist nicht mehr zu klären, ob Bedenken gegenüber den allzu großen Längenverhältnissen, dem vielleicht als zu verhalten empfundenen Charakter zwischen den beiden virtuosen Sätzen oder anderweitige dramaturgische Gründe, wie beispielsweise der, daß nur ein kurzes Zwischenspiel als Puffer zwischen den beiden gewaltigen Polen Platz habe, diesen Schritt veranlaßt haben. Tatsache ist jedenfalls, daß anstelle des ursprünglich

vorgesehenen Andante nun eine 28 Takte lange ‚Introduzione'
zu stehen kam, die *attacca subito* in das längste Klaviersona-
tenfinale Beethovens (543 Takte) führt. Damit wurde das
Werk der Tendenz nach zweisätzig; den Charakter von Vor-
läufigkeit und Hinführung zeigen im Adagio molto nicht zuletzt die sich öffnenden Ankündigungsmotive, die sich nur
einmal kurzzeitig ab Takt 10 zu einem zusammenhängenden
kantablen Satztyp formieren, um anschließend desto drän-
gender ab Takt 17 im Sinn einer ‚Introduzione' auf das finale
Rondo zuzusteuern.

Das zeitliche und räumliche Expansionsbestreben des
Werks vermittelt bereits auf originelle Weise der ungewöhnliche Beginn des ersten Satzes:

Die pulsierenden C-Dur-Akkorde in tiefer Lage, die sich am
Ende des zweiten Takts über die Wechseldominante zum Sext-

100

akkord der Dominante wenden und zugleich aus dem vibrierenden Klang eine melodische Schlußfloskel herausschälen, die in hoher Lage erweitert wiederholt wird, könnten bereits längere Zeit vor dem eigentlichen Beginn des Satzes erklungen sein; vor allem das vereinzelte Einstiegs-C vermittelt diesen Charakter eines imaginären Anfangs davor – ein ähnliches Phänomen findet sich am Beginn des Kopfsatzes von op. 28. Dadurch entwickelt das Hauptthema den Eindruck eines großen, sich zunehmend mit Energie vollsaugenden Auftakts, dessen Beginn jenseits des Notentextes liegen könnte. Auf die Wiederholung in Takt 5 folgt eine erste figurative Erweiterung der melodischen Schlußfloskel, auf die Auflösung der repetierenden Akkorde in pendelnde Sechzehntelbewegungen ab Takt 14 dann, der gesteigerten Bewegungsenergie entsprechend, der erste weiträumige Figurationsblock, der bis zum Beginn des stark kontrastierenden, choralartigen zweiten Themas (ab Takt 35) reicht. Dieses ist, der großflächigen, figurativ-gefüllten Gesamtanlage angemessen, in einen weiter entfernten Raum als den der konventionellen Dominante gerückt: Es erscheint auf der harmonisch fremden Dur-Mediante (E-Dur) – ein ausgreifendes harmonisches Ereignis, das man erst wieder bei Franz Schubert wiederfindet. Mit der figurativen Klangraumöffnung korrespondiert somit bereits in der Exposition eine harmonische Öffnung, was natürlich Rückleitungskonsequenzen in der Reprise nach sich zieht: Das zunächst konventionell quintversetzte A-Dur (Takt 196) wird dort im zweiten Anlauf nach a-Moll (Takt 200) korrigiert, um sich dann, figurativ umspielt, von C-Dur als Grundtonart aus regelentsprechend zu entfalten (Takt 204) – ein ähnliches Phänomen ist im Kopfsatz der ‚Sturmsonate‘ op. 31/2 anzutreffen. Bereits an der ersten Themenblockbildung wird das figurative Expansionsprinzip des gesamten Werks deutlich: In mehrfachen Anläufen findet eine zunehmende Periodendehnung statt, deren Abfolge durch die Dramaturgie der Klangblöcke geregelt wird – besonders deutlich an der großzügigen Durchführung ablesbar, die in zwei gewaltigen Bögen erfolgt.

Demgegenüber resultiert die ungeheure Länge des Rondos zusätzlich aus dem überdurchschnittlich häufigen Auftreten des elegisch-entspannten Hauptthemas; dieses vermittelt einen Grundcharakter, der die Zeit scheinbar stillstehen läßt und dementsprechend in immer wieder neuen figurativen Einkleidungen aufscheint – berüchtigt sind die Trillerketten ab Takt 477, denen die ebenso gefürchteten Oktav-Glissandi vorausgehen. Das Thema scheint unmittelbare, beseelte Gegenwart vermitteln zu wollen, die es erfüllt und zugleich festzuhalten trachtet. Damit wird der ungeheuer vorwärtsdrängenden und expandierenden Energie des gewaltigen Kopfsatzes dramaturgisch eine ebensolche auf Beharren und Klangzuständlichkeit gerichtete Energie im enorm ausgedehnten Rondo gegenübergestellt – zwei Formen musikalischer Zeitempfindung als Satzpole, verbunden und getrennt zugleich durch eine kurze, überleitende Adagio-Episode.

Die Sonate in F-Dur, op. 54
    Erster Satz: In tempo d'un menuetto, F-Dur, 3/4-Takt
    Zweiter Satz: Allegretto, F-Dur, 2/4-Takt

Obwohl diese erneut zweisätzige Sonate von jeher aufführungspraktisch wie rezeptionsgeschichtlich im Schatten der beiden schlechthin romantisch-virtuosen Werke op. 53, der ‚Waldsteinsonate‘, und op. 57, der *Appassionata*‘, stand, stellt sie dennoch einen überaus interessanten Beitrag zum Phänomen der Modifikation der Sonatensatztypen dar. Das 1804 entstandene und 1806 in Wien gedruckte Werk bietet darüber hinaus wiederum eine Perspektive zum Thema ‚Beethoven und der Historismus‘, da in ihr wie in op. 31/3 unverkennbar entsprechende stilistische Allusionen eine entscheidende Rolle spielen. Das deutet bereits die Vortragsbezeichnung ‚In tempo d'un Menuetto‘ des ersten Satzes an, der allerdings aus gutem Grund nicht direkt als Menuett, sondern nur als in dessen Tempo gehalten bezeichnet wird. Tatsächlich entspricht das kleingliedrige, streng in Zwei- und Viertaktern gebundene Thema mit seinen deutlichen Kadenzschlüssen noch stärker als die vergleichbaren Themen in op. 31/3 oder auch 49/2

barockem Idiom; auch die rhythmisch-motivischen Fortspin-
nungstendenzen ab Takt 13, die jetzt zusammenhängende Viertakter aneinanderreihen, vermögen die Kleingliedrigkeit innerhalb regelmäßig abgeschlossener Taktgruppierungen nicht
zu öffnen; so ergibt sich folgende Periodisierung: 4 Takte (1 +
1 + 2) + 4 Takte (1 + 1 + 2) + 4 Takte (2 + 2) + 4 Takte + 4
Takte (2 + 2) + 4 Takte. Der stilisierte Tanzcharakter des
*quasi*-Menuetts in regelmäßigen, klar gegliederten und abge-
grenzten Bewegungsschüben, die jeweils von tiefen in hohe
Lagen wandern, stellt bis dahin vielleicht die sonatenhaupt-
satz-entfernteste Gestaltung eines Kopfsatzes überhaupt dar.

Dennoch zeigt die ab Takt 35 einsetzende Bewegungsgeste,
daß im Satzganzen keinesfalls ein historisierendes Menuett
intendiert ist: Die doppelintervallisch, oft in Doppeloktaven
verlaufenden Achteltriolen *„sempre forte staccato"*, die mit
irritierenden, das Taktmetrum verschleiernden Gegenakzenten
ein weitgespanntes *ostinato* formen, schaffen einen denkbar
großen Kontrast. In reiner Bewegungsenergie, ohne weitere
motivisch-thematische Profilierung und ohne klar gegliederte
Periodisierung und Akzentuierung verläuft die drastische Figuration scheinbar ziellos und mit offenem Ende. Beethoven
gestaltete damit innerhalb eines Kopfsatzes einen strukturell
und ausdrucksmäßig kaum zu überbietenden Gegensatz – so
bekam die Sonate den witzigen Beinamen ,*La belle et la bête*' –,
der über ein zunächst hypothetisch anwendbares Modell eines
lyrischen Menuetts mit dramatisch-krudem Trioteil hinaus-
reicht und zwangsläufig auf die Ebene scharfer Kontrastierung
eines Sonatenhauptsatzes verweist. Tatsächlich liegt darin das
Geheimnis des ebenso sperrigen wie faszinierend-ungewöhn-
lichen Satzverlaufs – schon der zeitgenössische Kritiker der
,Leipziger Allgemeinen musikalischen Zeitung' bemerkte eine
Vielzahl „wunderlicher Grillen": Der Satz versucht im Charakter wie in der strukturellen Disposition Menuett und Sonatenhauptsatzform jenseits regelhaft-formalen Schematismus
zusammenzudenken. Diesen Sachverhalt bestätigt nicht zuletzt die Überlagerung der kleingliedrigen Menuettthematik mit
den pulsierenden Achteltriolen aus dem Bereich des ,Trios'

beziehungsweise des ‚zweiten Themas' in einem coda-ähnlichen Schlußteil (ab Takt 137); dieser deutet eine gewisse Vermittlung der beiden strukturellen Prinzipien an, die die Durchführung diesmal nicht leisten konnte. So haben wir hier sowohl ein variiertes Menuett mit zweimal dazwischengeschalteten, ebenfalls variierten ‚Trio'-Teilen vor uns wie einen stark modifizierten Sonatenhauptsatz – erneut erschließt eine gezielte formale Ambivalenz den eigentlichen Sinn des Satzverlaufs.

Dem entspricht, wenn auch auf andere Weise, die formale Konzeption des zweiten Satzes: Die durchlaufende Bewegungsmotorik in Sechzehnteln, die keinen thematischen Kontrast zuläßt – vielleicht auch deshalb, weil die Fallhöhe kontrastierender Elemente im ersten Satz bereits so überdimensional war –, sowie die Wiederholung der beiden Formteile verweist zunächst äußerlich auf einen bewegten Suitensatztyp oder eine Art Toccata. Doch auch hier lösen Irritationen des kontinuierlichen Bewegungsflusses Vieldeutigkeit aus: Wie im ersten Satz finden sich irregularisierende *sforzando*-Gegenbetonungen (erstmals Takt 3), die eine flüssige Bewegungsentfaltung stören; des weiteren tendiert im ersten, auffällig kurzen Formteil zu Beginn ein Zwölftakter zu figurativer Ausschreitung von F-Dur, ein folgender Achttakter dagegen zu ostinater Fixierung (vielfache Liegetöne von C-Dur), was zunächst in harmonischer Hinsicht auf ein Dominant-Tonika-Verhältnis eines zweiten und ersten Themas im Sinn eines Sonatenhauptsatzes verweist. Zudem erhält die im zweiten Teil und in der abschließenden Coda (ab Takt 162) harmonisch weiträumig modulierende Figuration einen immer stärker werdenden Etüdencharakter, der fast schon an Chopin erinnert. Das Ergebnis wäre demnach in Form und Charakter eine etüdenhafte Toccata, angesiedelt zwischen Scarlatti und Chopin, mit Tendenzen zum Sonatenhauptsatz, deren Proportionen darüber hinaus auf verblüffende Weise ausbalanciert sind: 94 Takte (Exposition: 20 und Reprise: 47 und Coda: 27) entsprechen 94 Takten (Durchführung). So ergibt sich eine merkwürdig verzogene, dennoch präzis proportionierte Sonatenhauptsatzform: Da kein eigentlicher motivischer Kontrast vorliegt und ostinate Bewegungsenergie dominiert, werden konsequent Exposition und Reprise als Orte der Vorstellung und Wiederholung im Verhältnis zur figurativ ausgreifenden Durchführung formal reduziert. Erneut wird hier ein ingeniöses Spiel mit Charakter- und Strukturtypen inszeniert und eine radikal-individuelle Formkonzeption auf der Grundlage von Tradition und Innovation erstellt.

Die Sonate in f-Moll, op. 57
    Erster Satz: Allegro assai, f-Moll, 12/8-Takt
    Zweiter Satz: Andante con moto, Des-Dur, 2/4-Takt
    Dritter Satz: Allegro ma non troppo, f-Moll, 2/4-Takt

Mehr noch als die ‚Waldsteinsonate' gilt dieses 1804/1805 entstandene und 1807 ebenfalls in Wien erschienene Werk als Inbegriff romantisch-solistischer Virtuosität, auch wenn der Beiname ‚*Appassionata*' nicht vom Komponisten stammt, sondern erst 1838 vom Hamburger Verleger Cranz einem vierhändigen Arrangement dieses Werks beigegeben wurde. In mehrfacher Hinsicht markiert diese Sonate in Beethovens Œuvre einen Höhe- und Endpunkt: Zum einen findet sich danach keine konventionelle Dreisätzigkeit im Zyklus mehr; zum anderen zieht sich die ausgreifende pianistische Geste von glanzvoll-dämonischer Außenwirkung allmählich in die klanglichen Eigentümlichkeiten des nicht minder virtuosen Spätstils zurück. Wenngleich nach der ‚*Appassionata*' nicht unbedingt ein scharfer entwicklungsgeschichtlicher Schnitt gezogen werden kann, deutet doch auch der Sachverhalt, daß Beethoven erst fünf Jahre später erneut eine Klaviersonate in Angriff nahm, auf einen relativ deutlichen Einschnitt hin, der den nachfolgenden Werken Nr. 24 bis 27 eine Position nach den romantischen Exaltiertheiten zuweist, die zugleich im Vorfeld des Spätstils eine neue Intimität und Innerlichkeit sucht.

Der Beiname ‚*Appassionata*' hat sich nicht zufällig beharrlich durchgesetzt, da er letztlich wesentliche Aspekte des Werks beleuchtet: Innerhalb der klassischen Zyklusbildung mit zwei schnellen Sonatenhauptsätzen, die einen langsamen Variationssatz einrahmen, und einer Themenbildung, die konventionell aus gebrochenen Dreiklängen und Skalenelementen besteht, ereignet sich zugleich eine leidenschaftliche Erhitzung von Form und Material, die eine bis dahin nicht gekannte existenzielle Betroffenheit vermittelt und dem Werk tatsächlich eine Sonderstellung einräumt. Gerade die äußerlichen Normalitäten scheinen die Funktion eines mühsam errungenen, stabilisierenden Außenhalts gegenüber den Eruptionen im Inneren zu erfüllen, die wie bei kaum einer anderen Sonate auf einen semantischen Kontext verweisen – bereits Adolf Bernhard Marx beschrieb das Werk als „Aufschrei der Angst" und „Sturm der Seele". Tatsächlich könnte für das Verständnis der entfesselten Figurationen, der wilden Kontraste zwischen Akkordkaskaden im Fortissimo (erstmals Takt 17) und düster-fahlen Linienzügen (bereits im Thema, Takt 1/2) im ersten Satz eine autobiographische Orientierung in Anschlag gebracht werden, die zwar nicht mehr konkretisierbar, wohl aber allgemein als klingender Spiegel psychischer Nöte und seelischer Konflikte erkennbar ist. Allerdings führt die Entwicklung insgesamt nicht wie in der 5. Symphonie, mit der die Sonate das berühmte Klopfmotiv gemeinsam hat (erstmals Takt 10 im ersten Satz) – wohl tatsächlich eine Chiffre für die bedrohliche Ausgeliefertheit des Individuums an ein unerbittliches Schicksal – *„per aspera ad astra"*, sondern verliert sich im dämonischem Taumel einer exaltierten Schlußstretta (Finale ab Takt 308), in der der leidende Mensch im Strudel der Ereignisse endgültig untergeht. Innerhalb des Kosmos der Beethovenschen Klaviersonaten haben wir mit diesem Werk die wohl direkteste und offenste Selbstäußerung des Komponisten vor uns, die einen unmittelbaren Blick in intime seelische Spannungen zuläßt.

Die radikale Subjektivität im Ausdruck vollzieht sich jedoch überraschenderweise innerhalb einer klassischen Gerüsthaftigkeit, die in den Sonaten zuvor lange nicht mehr vorkam und wohl hier in einem objektiven Sinn zugleich als Rahmen und Gegenspannung fungiert. Schon der gespenstische, im Doppeloktavabstand geführte und irritierend im Zwölfachteltakt rhythmisierte Beginn des Hauptthemas – in einer ersten Skizze war dieses ursprünglich im regelhaften Viervierteltakt notiert – verrät modellhaft dieses Verhältnis.

Der Beginn ist zugleich Teil eines konventionellen Viertakters mit satztechnisch und strukturell schulmäßig voneinander abgehobenen zwei Zweitaktern in f-Moll und C-Dur, die deutlich das klassische Frage- und Antwortspiel erkennen lassen. Danach folgt jedoch kein korrespondierend abschließender zweiter Viertakter, sondern die völlig ungewöhnliche, notengetreue Wiederholung des Beginns einen Halbton höher (ges-Moll) sowie eine gleichzeitig angefügte Fortspinnung, die den abschließenden Zweitakter der vollständigen achttaktigen Periode aus dem notwendigerweise erreichten Des-Dur in Takt 7 nach C-Dur zurückholt. Jetzt wird die Fortführung mit dem schicksalhaften Klopfmotiv kombiniert (ab Takt 8), das sich durchsetzt und kurz danach erstmals eine virtuose Klangkaskade im Forte auf der Dominante C-Dur freisetzt (Takt 13/14); der *subito-piano*-Schnitt in Takt 16 auf dem Sextakkord der Dominante markiert schließlich das Ende dieser ersten, gespenstischen Szenerie.

So geheimnisvoll vielfältig und unvorhersehbar die Klanggestalten auch aufeinander reagieren, so extrem die Unterschiede in Lage, Satztyp, Dynamik und Agogik auch sind, sie fügen sich dennoch in ein konventionell sechzehntaktiges Gerüst mit einem in sich wiederholten Achttakter zu Beginn und einem fortspinnend-entwickelten am Ende ein – die Sicherheitsmechanismen der Sonatenkonvention halten die dämonisch-suggestive Klanglandschaft fest. Diesem Prinzip von Expansion im halbwegs gesicherten Rahmen formaler Konventionen gehorcht letztlich der ganze Satz, so daß sich ein eigentümliches Verhältnis zwischen entfesseltem Ausdruck und der Tendenz zu formaler Normbildung findet.

Das vierstimmige Variationsthema des zweiten Satzes, das nicht zufällig von Friedrich Silcher als ‚Hymne an die Nacht‘ für vierstimmigen Männerchor gesetzt wurde, wirkt einerseits klanglich überaus kantabel-melodisch, andererseits zeigen sich sofort Schwierigkeiten, wenn die streng achttaktigen Perioden tatsächlich nachgesungen werden sollen. Ein Blick auf Details verrät den interessanten Hintergrund für diesen ungewöhnlichen Sachverhalt: Die choralartige langsame Fortbewegung entpuppt sich im Kern als akkordisch geführt – vor allem die Oberstimme bewegt sich während der ersten Periode kaum –, und zwar mit zunehmend sich beschleunigenden rhythmischen Werten: Auf eine ruhige Viertelbewegung zu Beginn folgen Punktierungen mit Achteln und schließlich Zweiunddreißigsteln als kürzesten Werten, wobei keine Taktstruktur wiederholt wird:

So entsteht rhythmisch-harmonisch ein enormer Zug auf das Ende der zweitaktigen Halbperioden hin, den man als kanta-

ble Legatolinie wahrnimmt – ein phantastisches Täuschungs-
manöver, das melodische Qualität suggeriert, ohne sie direkt zu
formulieren. Dem Beschleunigungsprinzip gehorchen schließlich auch die folgenden drei Variationen, die über eine veränderte Reprise des Hauptthemas (ab Takt 81) mit dialogisieren-
den Lagenwechseln zu arpeggierten verminderten Septakkor-
den führen, die wiederum *attacca* in das irrlichternde Finale
überleiten. Auch hier greifen die motorisch repetierten *fortissimo*-Akkorde zu Beginn die Idee sukzessiver Beschleunigung von
Punktierungen auf und erzeugen erneut eine enorme Schub-
kraft, die zunächst durch die manisch-kreisenden Sechzehntelskalen im *subito-piano* aufgefangen wird. Dieser Übergang
zeigt vorbildlich, wie es Beethoven gelingt, unterschiedlichste
Bewegungsmuster – hier eines langsamen und eines schnellen
Satzes – durch genau kalkulierte Energieverläufe wie Stau,
Schub und Lösung überzeugend ineinander überzuführen.

Das dämonisch-bewegte, hochvirtuose Finale mit einer nahezu apokalyptischen Schlußstretta im Presto weist rein äußerlich erneut die Sonatenhauptsatzform auf. Wie schon mehr
fach bemerkt, sucht Beethoven häufig in Schlußrondos durch
Sonatenhauptsatztendenzen diesen innerhalb der Reihung von
Formteilen zusätzlich einen prozessualen Charakter bei-
zugeben. Beim Finale in der ‚*Appassionata*‘ liegt nun die umgekehrte Tendenz vor, was wiederum zu einer individuellen,
unverwechselbaren Lösung führt: Den Charakter des ausweg-
losen In-sich-Kreisens, den das Hauptthema des Satzes ab
Takt 20 von f-Moll aus exponiert, können auch die markie-
renden Stützbässe in der Baßregion sowie die scharf pointier-
ten, rufartigen Signalmotive im Diskant nicht relativieren;
vielmehr wirken sie wie zusätzliche Impulse für die hochdra-
matischen, über nahezu die ganze Klaviatur verteilten Figura-
tionsentladungen. Auch ein rudimentäres zweites Thema ab
Takt 76 bestätigt durch das Verhältnis von kreisender Terz-
bewegung, die durchaus als Fortsetzung der vorangegangenen
Signalmotivik gesehen werden kann, und nachschlagender, intervallisch zunächst ausschließlich in scharfen Sekunden dre-
hender Sechzehntelfiguration den grundlegenden Affekt – es

entsteht kein Kontrast, sondern es bildet sich eine Fortsetzung, unterstützt durch die zahllosen, manisch insistierenden Wiederholungen in der weitläufigen Durchführung ab Takt 118. Die Figurationsschübe finden nirgends ein Ziel, so daß dem eigentlich teleologischen Charakter eines Sonatenhauptsatzes eine ausweglose Zuständlichkeit mit extremer Innenspannung eingeschrieben wird; die Prozessualität des Formtyps verwandelt sich in eine aufrüttelnde Szenerie, die vergebliches Aufbegehren vermittelt – erneut entgeht man nicht semantischen Beschreibungskategorien, um die formal eigentlich ungehörige Kopplung zwischen äußerlich zielgerichteten Sonatenhauptsatztendenzen und kreisläufigen, letztlich durch die nahezu lückenlose Bewegungsenergie monothematisch wirkenden Figurationsschüben im Inneren zu erklären.

Mit dem semantisch-strukturellen Horizont der ausgreifenden, dynamisch vorwärtsdrängenden Energie im ersten Satz korrespondiert somit die in sich verhakte Kreisläufigkeit des letzten, die jede Lösung oder Befreiung verweigert – wenn man so will ein Schritt „ad aspera". Der Anschein von Hoffnung, den vor allem das zweite Thema des ersten Satzes vermittelte, kippt um in Verzweiflung, die auch die entfesselte Schlußgeste des Satzes nicht durchbricht, vielmehr als finale Raserei bestätigt. Das dämonische Wesen der nach Hegel eigentlich romantischen Kunstform Musik wurde in Beethovens ‚Appassionata' paradigmatisch formuliert, so daß die Sonate zum Vorbild der Sonatenkomposition im 19. Jahrhundert avancieren mußte.

## Drittes lyrisches Intermezzo: Die Sonaten op. 78 und 79

Die Sonate in Fis-Dur, op. 78
  Erster Satz: Adagio cantabile/Allegro ma non troppo, Fis-Dur,
  2/4-Takt/4/4-Takt
  Zweiter Satz: Allegro vivace, Fis-Dur, 2/4-Takt

Nach den dramatisch-dämonischen Eruptionen der ‚Appassionata' entstand in gehörigem zeitlichen Abstand im Jahr 1809, 1810 bei Breitkopf und Härtel in Leipzig gedruckt, erneut ei-

ne kurze zweisätzige Sonate voller Besonderheiten: Ein grundsätzlich zurückgenommener lyrischer Charakter, gleichwohl
vor allem im zweiten Satz mit hohen spieltechnischen Anforderungen durchsetzt, nimmt erstmals deutlich Tendenzen von
Beethovens Spätstil vorweg. Ungewöhnlich ist bereits die
Tonart Fis-Dur, die sich nicht noch einmal als Grundtonart
innerhalb der Gattung Klaviersonate findet und auch sonst
bei Beethoven überaus selten auftritt. Vor allem innerhalb der
Klaviermusik muß diese Wahl bereits die Zeitgenossen ver-
wundert haben, da das damals noch entschieden mehr ver-
breitete Vom-Blatt-Spiel entschieden erschwert wurde – vielleicht sollte aber auch dadurch angezeigt werden, daß dieses
Werk trotz seiner äußerlichen Kürze und scheinbaren Unauffälligkeit nicht vorschnell zu vereinnahmen sei.

Tatsächlich mutet auf den zweiten Blick vieles in diesem
Werk nicht nur höchst individuell, sondern geradezu merkwürdig an. Das Verhältnis des ersten zum zweiten Satz entspricht charakterlich dem eines gemäßigt schnellen Kantabile,
wie es in Schubertschen Kopfsätzen bis hin zur letzten Klaviersonate immer wieder zu finden ist, zu einem rondoartigen
Scherzando. Letztlich fehlt sowohl ein charakteristischer Sonatenhauptsatz, wenngleich der erste Satz dem Modell in etwa gehorcht, als auch ein langsamer Satz, den die vier den ersten Satz einleitenden Takte im Adagio cantabile keinesfalls
ersetzen. Gerade dieses Entree hat vielfache Interpretationen
hervorgerufen, da es weder eine langsame Einleitung noch einen belanglos-kurzen Eröffnungs-‚Vorhang‘ vertritt, sondern
auf verblüffende Weise wesentliche Merkmale des gesamten
Satzes *in nuce* etabliert.

Die ansteigende, harmonisch diskret gefärbte Kantilene, in
sich korrespondenz-melodisch in zwei Zweitakter gegliedert,

wirkt durch die tiefen Oktaven auf Fis im Baß tonal merkwürdig gebannt. Selbst die zumindest am Ende zu erwartende
dominantische Eröffnung auf den schnellen Satzteil hin, der
noch dazu ein neues Taktmetrum (4/4 nach 2/4) erhält, fehlt.
Der Viertakter schließt beziehungsweise bleibt von vornherein
verschlossen, und nur die beschleunigte Rhythmik der doppel-
schlagähnlichen Zweiunddreißigstelfigur am Schluß kündigt
vorsichtig Weiteres an. Der ungewöhnliche Zauber dieses Beginns liegt wohl in der kantabel in sich bewegten, rhythmisch
gestaltenreichen Klangumschreibung, die sichtlich darauf abzielt, auf sich selbst zu beharren.

Tatsächlich zeigt sich auch im Satzganzen, daß die prinzipiell lyrisch-kantable Linienführung wenig spannungsreiche
harmonische Progressionen zuläßt, vielmehr rhythmisch und
motivisch vielgestaltig Klangfelder auffüllt oder kadenzhar-
monische Pendelbewegungen vollzieht. Zugleich scheint auch
die oftmals so wichtige thematisch-motivische Ableitungs-
technik zumindest auf äußerlich erkennbarer Ebene zurück-
gedrängt worden zu sein. War es in der ‚Appassionata‘ die figurativ gebundene Virtuosität, die thematischer Arbeit nur
einen gewissen Spielraum ließ, so ist es im ersten Satz von
op. 78 die Dominanz des Kantabel-Lyrischen – auch hier eine
weitere Parallele zum Schubertschen Sonatenkonzept, das
ebenfalls nicht selten thematisch-diskursive Verfahren zugunsten melodisch-klangfarblicher Entfaltung zurückdrängt. Wie
von den Einleitungstakten kein direkter motivischer Bezug
zum beginnenden Allegro festzustellen ist, so auch nicht vom
ersten zum zweiten Thema, das präludienhaft die Dominante
Cis-Dur melodisiert (ab Takt 28). Erstaunlich wirkt in diesem
Zusammenhang zusätzlich die Gestaltenvielfalt in und zwischen den thematischen Blöcken, die ebenfalls weniger direkt
intervallisch vermittelt als vielmehr im Sinne assoziativ gereih-
ter Bausteine eines lyrisch-fließenden Duktus erscheinen. Gerade diese assoziative Disparatheit innerhalb eines durch harmonische Flächen gebundenen Verlaufs taucht dann als ein
Aspekt im Spätwerk Beethovens wieder auf, so etwa in den
Kopfsätzen von op. 101 und op. 110. Auch das spielerisch-

dialogisierende, in vielfachen Klangterrassen harmonische Felder ausfüllende Rondo mit seinen auffällig häufigen, ausgedünnten und komplementär-rhythmisch geführten Floskelreihungen (erstmals Takt 22 ff., dann Takt 52 ff., 75 ff., 110 ff. und 134 ff.), die zugleich wie figurative Abstraktionen und dennoch farbig-kolorierend wirken, paßt in das Bild vorbereitender Spätstilistik und läßt die durch Czerny überlieferte besondere Wertschätzung dieser Sonate durch Beethoven selbst in einem speziellen Licht erscheinen.

Die Sonatine in G-Dur, op. 79
   Erster Satz: Presto alla tedesca, G-Dur, 3/4-Takt
   Zweiter Satz: Andante, g-Moll, 9/8-Takt
   Dritter Satz: Vivace, G-Dur, 2/4-Takt

Bei diesem 1809 entstandenen und 1810 in Leipzig gedruckten Werk handelt es sich um das einzige, das Beethoven selbst als ‚Sonatine' bezeichnete. Das läßt einerseits auf eine ursprünglich pädagogische Absicht schließen, die allerdings nicht konkret belegbar ist. Gleichzeitig gibt es in ihr jedoch Sachverhalte in pianistischer und kompositorischer Hinsicht, die durchaus den üblichen Sonatinenrahmen sprengen und höhere Anforderungen stellen als beispielsweise die als ‚Sonaten' bezeichneten Werke op. 49. Dazu gehören sicherlich die häufigen rhythmischen Komplikationen im finalen Rondo (2 gegen 3: Takt 35 ff., Takt 67 ff., Takt 80 ff. und Takt 109 ff.), aber auch der überraschend weite Modulationsbogen, den die Durchführung des ersten Satzes vollführt. Darüber hinaus zeigen auch dessen Ausdrucksvorschrift und der thematische Beginn Ungewöhnlichkeiten: Zwar verweist das *alla tedesca* auf einen ‚deutschen Tanz', der einem etwas schnelleren, dennoch behaglichen Walzer entspricht; dennoch wirkt das vorangestellte Presto gerade unter diesem Gesichtspunkt als überzogen. Der angedeutete Tanzcharakter soll dadurch wohl bewegungsmäßig überhitzt und zugleich überhöht werden, was wiederum die nahezu durchlaufende Achtelfiguration technisch stellenweise über Sonatinenniveau hinaustreibt.

Den Charakter von Zwitterhaftigkeit und gezielter Irregularität vermittelt schon die Gestaltung des Hauptthemas. In einer ersten Skizze erscheint es konventionell achttaktig periodisiert, in der vorliegenden Endfassung jedoch schillert es mehrdeutig:

Wenn Takt 8 als Schluß hinzugezählt wird, der jedoch zugleich überlappend eine neue Periode einleitet, so kann man einmal einen schulmäßigen Achttakter ausmachen; läßt man jedoch die Doppelfunktion von Takt 8 nicht gelten, sondern sieht ihn allein als Beginn – die neugesetzte dynamische Bezeichnung und der stark veränderte Satztyp könnten dies begründen –, so entsteht ein merkwürdiger Siebentakter; betrachtet man schließlich den ersten Takt als gedehnten Auftakt – die Abgrenzung durch die Doppelstriche legt das nahe –, so erhält man im Kern je nach Perspektive einen Sechstakter oder erneut einen Siebentakter. Dieses Vexierspiel, das sich andeutungsweise auch im zweiten Thema findet – ab Takt 24 merkwürdig auf die Wechseldominante A-Dur fixiert und nur gelegentlich die eigentlich zu erwartende Dominante D-Dur berührend –, fängt ebenso wie das überhitzte Tempo jede Form direkten oder gar derben Tanzcharakters ab; zudem wird ab Takt 24 eine vieldeutige Spannung aufgebaut, die

dann die klar gereihten, harmonisch fast akademisch gestütz-
ten Periodenbildungen des Finale auflösen.

Diese Irregularitäten sind allerdings an die durchgehende
Dominanz des Intervallbausteins der Terz für die meisten tra-
genden Strukturelemente gebunden – daraus ergab sich der
Spitzname ‚Kuckuckssonate‘. Das strukturelle Integrations-
prinzip, das vorsichtig Techniken der entwickelnden Variation über abstrakte Intervallbezüge im Spätwerk vorwegnimmt,
durchdringt tatsächlich alle drei Sätze, so daß über den päd-
agogisch-spielerischen Charakter der Sonatine hinaus ein sub-
limer Grad an satzspezifischer und zyklischer Verklammerung
entsteht. Diese scheint weniger – wie im Frühwerk – durch
motivische Elemente vermittelt zu werden als durch grundlegende Kernintervalle, die, wie in diesem Fall die Terz, im Sinn
einer diastematischen Urzelle fungieren.

Bemerkenswert ist in diesem Zusammenhang auch das
kurze Andante, das mit seiner barkarolenartig schwingenden
Melodie und der entsprechenden Begleitung mehrfach in die
Nähe eines ‚Liedes ohne Worte‘ im Mendelssohnschen Sinn
gerückt wurde. Auch hier dominiert die Terz als zentraler
Baustein, der Linienzüge und harmonische Stütze durchdringt.
Der angesichts der Kürze (34 Takte) überraschend scharfe
Kontrast durch den zweiten Teil in Es-Dur (erstmals ab Takt
10) setzt die Begleitung in Bewegung und löst den schwingenden Lang-kurz-Rhythmus weitgehend auf; gleichzeitig be-
schleunigt sich die Melodik bis hin zu Zweiunddreißigstel-
Quintolen (Takt 19). Allerdings vermittelt das abschließende
erste Thema in g-Moll bei seinem letzten Auftreten, jetzt in
Oktaven geführt, diesen Kontrast, da die bewegte Begleitfiguration des zweiten Teils jetzt auch den ersten Teil stützt (ab
Takt 30) – ein einfaches und zugleich wirkungsvolles Mittel,
die etwas scharfe Kontrastierung auf engem Raum strukturell
aufzufangen. Zweifellos haben wir mit op. 79 in vielfacher
Hinsicht eine ‚Sonatine‘ vor uns, die das Sonatenniveau manch
anderer Werke überragt.

# Einbruch des Poetischen: Die Sonaten op. 81 a und 90

Die Sonate in Es-Dur, op. 81 a
  Erster Satz: Das Lebewohl. Adagio/Allegro, c-moll/Es-Dur,
  2/4-Takt/alla breve
  Zweiter Satz: Abwesenheit. Andante espressivo, c-Moll, 2/4-Takt
  Dritter Satz: Das Wiedersehen. Vivacissimamente, Es-Dur, 6/8-Takt

Dieses 1809/1810 entstandene, ebenfalls 1811 in Leipzig gedruckte und Erzherzog Rudolph von Österreich gewidmete
Werk stellt insofern eine Ausnahme im gesamten Sonatenœuvre dar, als hier der mehrfach konstatierte Einfluß ‚poetischer Ideen‘ direkt greifbar wird. Wie in der 6. Symphonie,
der ‚Pastorale‘, zeigt sich die außermusikalisch-programma-
tische Orientierung zunächst in den drei Satzüberschriften, die
gleichzeitig unmißverständlich auf den Widmungsträger bezogen sind. Als Schüler und langjähriger Förderer Beethovens
wird er in dessen eigenhändiger Überschrift zum ersten Satz
benannt: „Das Lebewohl. Wien, am 4. Mai 1809 bei der Ab-
reise Seiner kaiserlichen Hoheit des verehrten Erzherzogs Rudolph“; dementsprechend stand über dem verlorenen Autograph des letzten Satzes: „Die Ankunft Seiner kaiserlichen
Hoheit des verehrten Erzherzogs Rudolph 30. Januar 1810“.
Der präzis bezeichnete Zeitraum, der sich auf die neunmona-
tige Abwesenheit des österreichischen Hofes angesichts des
heranrückenden französischen Heers bezieht und die personal
eindeutige Zuordnung kann jedoch nicht darüber hinwegtäu-
schen, daß in diesem Werk weit über den konkreten Anlaß
hinaus dem allgemein-menschlichen Phänomen von Abschied,
Abwesenheit und Wiederkehr Rechnung getragen wird.

In diesem Sinne wird eine allgemeine Charakterisierung von
Affekthaltungen angestrebt, die durchaus in Zusammenhang
mit einem speziellen Anlaß stehen können. Daß es Beethoven
bei außermusikalischen Orientierungen weniger um illustrative
Nacherzählung ging, zeigt bereits eine Bemerkung zur 1808,
also ein Jahr zuvor vollendeten ‚Sinfonia characteristica‘, der
Sechsten, an, die als eine Art Pendant zur ‚charakteristischen
Sonate‘ op. 81 a zu sehen ist: Hier spricht Beethoven dezidiert

von „mehr Ausdruck der Empfindung als Malerei", obwohl gerade in der ‚Pastorale' entschieden mehr direkte klangmalerische Effekte als in op. 81 a zu finden sind. Der Begriff des ‚Charakteristischen' verweist zudem auf die um 1800 in Mode gekommenen ‚charakteristischen Klavierstücke', die, in Sammlungen publiziert, ebenfalls nicht selten emotionale Gestimmtheiten als Überschriften tragen und mehr Stimmungen als Handlungsabläufe wiedergeben. Beethovens Intention scheint jedenfalls in dieser Sonate auf eine Vermittlung von Allgemeinem und Besonderem gerichtet gewesen zu sein, wohl erneut deutbar nach dem Modell Hegelscher Dialektik, die das Einzelne als Moment der Begriffsbestimmung des Allgemeinen erkennt.

Gleich der Beginn der Adagio-Einleitung kann in diesem Sinn gelesen werden. Wie im Streichquartett op. 131 „Muß es sein" wird hier das ‚Lebewohl' als Textschicht direkt unterlegt.

Die harmonische Wendung entspricht im Kern einer musikalischen Allerweltsfloskel, nämlich den oft beschließenden ‚Hornquinten', die allerdings im Normalfall einen tonikalen Ganzschluß haben. Das hier in Takt 2 unterlegte C bricht trugschlüssig mit der Konvention der Formel und verleiht der allgemeinen Schlußwendung durch das überraschende Moll einen klagend-resignierten Affekt. Der Sachverhalt von Abschied und Ende, durch die konventionelle Schlußfloskel repräsentiert, wird damit zugleich affektiv überhöht und emotional vermittelt. Allgemein charakterisierter Sachverhalt und persönlicher, textunterlegter Abschiedsgruß – deshalb wohl auch die endgültige Titelgebung ‚Lebewohl' statt des ursprünglich vorgesehenen ‚Abschied' für den ersten Satz –

schließen sich an diesem Beginn nicht aus – eine Art Programm für die Konzeption des gesamten Zyklus.

Der Sachverhalt, daß Beethoven in dieser Sonate im zweiten und dritten Satz erstmals deutsche Tempoangaben unter die üblichen italienischen setzt, kann ebenfalls im Kontext des ,Charakteristischen' begriffen werden. Bereits die ungewöhnlichen italienischen Formulierungen ,vivacissimamente' (,in lebhaftestem Zeitmaße') oder ,Andante espressivo', dessen deutsche Übersetzung ,in gehender Bewegung, doch mit viel Ausdruck' schon im ,doch' ein spannungsreiches Verhältnis ausdrückt (,espressivo' erscheint sonst meist in Verbindung mit ,Adagio'), deuten auf eine weitergetriebene Individualisierung der Satztypen unter dem Aspekt des Charakteristischen hin. Die üblichen Bezeichnungen scheinen nicht mehr auszureichen, um das Einzigartige ausreichend zu bestimmen; allgemeine Tempo- und Ausdruckskonventionen gehen endgültig in einer Ästhetik unverwechselbarer Originalität jeweiliger Einzelwerke auf.

Vor allem der erste Satz, äußerlich als Sonatenhauptsatz mit langsamer Einleitung angelegt, zeigt mannigfache Besonderheiten auch in den formalen Proportionen. Schon das Adagio ist weit mehr als eine stimmungsvolle Einleitung, da es die wesentlichen thematischen Erscheinungen des folgenden Sonatenhauptsatzes antizipiert, sich somit als integraler Bestandteil des gesamten Satzverlaufs zu erkennen gibt – eine ähnliche Anlage findet sich auch im ersten Satz der ,Sturmsonate', op. 31/2. Obwohl der melodische Terzfall des ,Lebewohl'-Motivs zu Beginn auch Kern des zweiten Themas wird (ab Takt 50, bereits in der Überleitung vorbereitet), präsentiert sich das auftaktige Quartintervall aus Takt 2/3 als zentraler Impuls des ersten Themas (ab Takt 18). Von besonderer Bedeutung ist ferner der Bezug zur extrem auffälligen Länge der Coda (94 Takte ab Takt 162 gegenüber nur 40 Takten der Durchführung ab Takt 70). Diese beginnt zunächst bestätigend mit dem Hauptthema, das letztlich immer schon in seinem zweiten Teil die Aufwärtsbewegung der ,Lebewohl'-Geste in sich trug (Takt 23/24), und kippt, filmschnittartig gebrochen, ab Takt 181 direkt in den charakteristischen Terz-fall um. Zweifach imitatorisch sich überlagernde Abschieds-gesten (Takt 181 ff. und Takt 223 ff.), getrennt durch eine homophone, figurativ umspielte Version in Takt 197 bis 222, führen zu dissonanten Reibungen, die sowohl den Abschieds-schmerz als auch die sich überschneidenden und zugleich ver-klingenden Hornrufe repräsentieren. Formal scheint diese überdimensionale Coda ein Gegengewicht zum bedeutungs-vollen Einstiegs-Adagio zu bilden, wodurch sich ein Sonaten-hauptsatz ergibt, der in einen ungewöhnlich starken Rahmen gespannt zu sein scheint. In all dem zeigt sich, wie die An-sprüche absoluter Form vollkommen ausbalanciert und zu-gleich semantische Ebenen eröffnet werden können.

In ähnlicher Weise bringt das relativ kurze Andante (42 Takte), das *attacca* ins Finale übergeht und zu diesem ein ver-gleichbares Verhältnis wie die Einleitung zum ersten Satz ein-nimmt, eine in sich wiederholte zweiteilige Liedform; deren erster Teil basiert auf einem trauernd-fragenden Sekunddreh-motiv, während der belebtere zweite Teil eher trostspenden-den Charakter hat – zwei mögliche Affekthaltungen, die dem Zustand erleidender Abwesenheit entsprechen und zugleich formale Zweiteilung begründen. Das rauschhaft-virtuose Fi-nale drückt schließlich unmißverständlich die überbordende Freude des Wiedersehens aus – ein Sonatenhauptsatz, dessen erstes und zweites Thema kaum motivisch prägnante Kontu-ren annehmen, da der Strudel der ekstatisch vorwärtsdrän-genden Ereignisse diese von vornherein zu überspülen scheint. Erneut wird in beiden Sätzen deutlich, daß einerseits der for-male Ablauf ganz in der Entwicklungslogik absoluter Musik ruht, zugleich jedoch befähigt wird, semantische Horizonte aufzuspannen: Form versöhnt sich in dieser Sonate selbst dann mit dem Inhalt, wenn dieser dezidiert programmatische Tendenzen zeigt.

Die Sonate in e-Moll, op. 90
Erster Satz: Mit Lebhaftigkeit und durchaus mit Empfindung und
Ausdruck, e-Moll, 3/4-Takt

Zweiter Satz: Nicht zu geschwind und sehr singbar vorgetragen, E-Dur, 2/4-Takt

Beethovens ungewöhnliche Absicht, Tempo und Charakter von Satztypen außerhalb der gängigen italienischen Vorschriften zu erfassen, hatte sich bereits in den doppelsprachigen Bezeichnungen des zweiten und dritten Satzes von ‚*Les Adieux*‘, op. 81a, angezeigt und erhält nun im Fall von op. 90, an der unmittelbaren Schwelle zum Spätstil, seine radikalste Ausformung: Während in op. 101 in umgekehrter Manier zu op. 81a italienische Bezeichnungen unter die deutschen gesetzt wurden, existieren in diesem Fall ausschließlich deutschsprachige, noch dazu in langwierigen Formulierungen. Wohl zusätzlich motiviert durch den patriotischen Überschwang in dieser Zeit – ‚Wellingtons Sieg oder die Schlacht Vittoria‘ trägt die nächste Opuszahl –, verraten sie dennoch, darüber hinausgehend, Beethovens Ringen um eine objektivierbare Beschreibung von vielschichtigen Satzcharakteren jenseits gängiger Bezeichnungskonventionen. Die akribisch formulierten Interpretationsangaben zeichnen sich durch eher unübliche Kombinationen von Tempo- und Ausdrucksbestimmungen aus, die einschränkende oder steigernde Hilfskonstruktionen wie „... und durchaus mit ...“, „nicht zu ...“ oder „... und sehr ...“ verwenden. Von der ‚Hammerklaviersonate‘, op. 106, an relativiert sich diese Tendenz wiederum – der gewaltige erste Satz ist hier lakonisch mit ‚Allegro‘ überschrieben; demnach verrät vor allem op. 90 eine später wieder zurückgenommene Utopie, durch präzise verbale Angaben vieldeutige oder Zwischencharaktere beschreibend einholen zu können.

Tatsächlich zeigen sich gerade in den beiden Sätzen der 1814 entstandenen und 1815 in Wien gedruckten Sonate modellhaft formale und charakterliche Polyvalenzen. Als repräsentativer Beleg dafür mag erneut der Beginn des ersten Satzes gelten, der zunächst ganz in der Art eines frühen Kopfsatzes, wie beispielsweise in op. 10/1, angelegt zu sein scheint:

Eine achttaktige Periode konstituiert sich aus zwei wiederholten Viertaktern (e-Moll/G-Dur), die selbst wiederum dem traditionellen Frage- und Antwortspiel in scharfem dynamischem
Kontràst gehorchen – Beethoven scheint mit seiner eigenen
Kompositionsgeschichte zu spielen. Der folgende entwickelnde Achttakter nämlich wirkt seinerseits wie eine lyrische Peri-
odenkorrespondenz zum ersten, dem abschließend ein erneu-
ter Achttakter mit strenger Innengliederung (ebenfalls zwei
wiederholte Viertakter) ab Takt 17 folgt. Der Sachverhalt ermöglicht über die klare korrespondenzmelodische Periodenstruktur hinaus mehrfache Interpretationen: Traditionell gesehen, handelt es sich im ganzen um einen ersten Themenblock mit unterschiedlichen motivischen Gestaltungen, die
durch Auftaktigkeit und abwärts gerichtete Sekundschritte
strukturell aufeinander bezogen sind. Als Alternative dazu
könnte man dagegen auch gleich zu Beginn ein erstes, kon-
trastreiches Thema annehmen (erster Achttakter), dem ein
zweites lyrisches folgt (zweiter Achttakter), das von G-Dur
nach H-Dur moduliert und eine abschließende Schlußgruppe
enthält – gleichsam ein Expositionsmodell im Kleinen. Entscheidend ist wohl, generell keine eindeutigen und trennschar-
fen Entscheidungen aus akademischem Antrieb mehr fällen zu
wollen, sondern Bedeutung und Faszination gerade in den
Polyvalenzen, die sich nicht ausschließen, zu suchen. Von besonderer Bedeutung sind im gesamten ersten Satz die einerseits übersichtlich gegliederte Gesamtanlage – nämlich Expo-

sition: Hauptsatz (Takt 1–24), Überleitung (Takt 25–44), Seitensatz (Takt 45–66), Schlußgruppe (Takt 67–81) –, in der die Einzelteile deutlich, oft durch Pausen oder Fermaten verstärkt, abgehoben sind, andererseits die funktional mehrfachen Bestimmungsmöglichkeiten, deren Bestand wohl dazu führte, in diesem Sonatenhauptsatz erstmals die Wiederholung der Exposition auszusetzen. Betonen die fortlaufenden Mehrdeutigkeiten den prozessualen Charakter des Satzes, der darüber hinaus durch vielfache Intervallbezüge zwischen den thematischen und figurativen Formen bestätigt wird, so verschafft die äußerlich klar abgegrenzte Gliederung dem Ganzen den notwendigen architektonischen Rahmen.

Den formalen Polyvalenzen des ersten Satzes entsprechen die charakterlichen des zweiten, die sich schon in der Satzvorschrift andeuten. Zweifellos handelt es sich bei diesem lyrisch-fließenden Rondo mit seinem unverkennbar liedhaften Hauptthema – das in Beethovens Werk der Welt Schuberts vielleicht am nächsten steht – um den Versuch einer Amalgamierung von langsamem und gemäßigt schnellem Satztyp. Fast den gesamten Ablauf hindurch fließen die zum Teil melodisch aufgeladenenen Sechzehntelfigurationen als Begleitfolien mit, so daß für die üblichen Kontrastbildungen zwischen Refrain und Couplets wenig Platz bleibt. Dynamisch verharrt der Satz weitgehend in der Piano-Region, selten erscheint ein kurzfristiges, lyrisch erfülltes Forte, ein dramatisches Fortissimo fehlt völlig. Ob im Zyklusganzen, gleichsam im Anschluß an op. 81a, eine „Liebesgeschichte in Musik" gesetzt worden sei, wie der Widmungsträger Fürst Carl von Lichnowsky verlauten ließ, sei dahingestellt. Von der Gesamtdisposition her wäre es zumindest nicht unsinnig, das Verhältnis der beiden Sätze zueinander nach dem eines männlichen und weiblichen Prinzips zu bestimmen – eine Bezogenheit, die auch der intervallisch vermittelte Anschluß zwischen beiden Sätzen unterstützen könnte. Wie semantisch im ersten Satz ‚Kampf' und im zweiten ‚Konversation' (Lichnowsky) das Grundprinzip vorgeben könnte, so in Charakter und Struktur einerseits dramatisch-vielgestaltige Auseinandersetzung und andererseits lyrischfortgesponnener Fluß. Vielleicht sollte als formale Grundidee des gesamten Werks angedeutet werden, daß das thematische Kontrastprinzip des Sonatenhauptsatzes zwischen dramatischem und lyrischem Affekt einmal möglichst weitgehend auf einen zweisätzigen Zyklus übertragen wird – eine experimentelle Tendenz, die uns auf umgekehrte Weise im ersten Satz der Sonate op. 109 wiederbegegnen wird.

# Dritte Phase:
## Esoterischer Spätstil

Mit den letzten fünf Sonaten begeben wir uns endgültig in die Sphäre des Beethovenschen Spätstils. Nicht nur im musikalischen Bereich haben ästhetische Debatten Tradition, die um eine adäquate Erfassung von Phänomenen eines Alterswerks ringen. Häufig werden dabei zwei Grundtendenzen in Anschlag gebracht, die zunächst in einer gewissen Spannung zueinander zu stehen scheinen: Einerseits eine eher objektive im Sinn von weitergetriebener Vergeistigung in Materialgebrauch und Technik, die nicht selten zu einem höheren Abstraktionsgrad und damit zu weiterer Reduktion und Konzentration führt – Bachs ‚Kunst der Fuge' steht im musikalischen Bereich hierfür prototypisch ein –, andererseits eine eher subjektive im Sinn von individueller Radikalisierung, die sich endgültig aller Konventionen und Rücksichten auf Regeln und Modelle im Dienst eines utopischen Gestaltungswillens entledigt – Beethovens Spätwerk von der 9. Symphonie bis zu den Streichquartetten und Klaviersonaten wird hierfür gern als Beispiel angeführt. Bei tiefergehendem Blick auf die tatsächlichen Sachverhalte zeigt sich jedoch gerade im Fall Beethovens, daß beide Tendenzen nicht nur durchaus vereinbar sind, sondern sogar als zwei aufeinander verweisende Aspekte den Spätstil charakterisieren. Innerhalb einer unerhörten geistigen Durchdringung der Idee der Sonatenkomposition, die den Bogen von klassizistischen, ja neobarocken Elementen bis hin zu verrücktesten formalen Konzeptionen spannt, gelingt eine Radikalität in der musiksprachigen Umsetzung, die schon die Zeitgenossen vor nicht geringe Rezeptionsprobleme stellte und zweifellos bis heute zu den anspruchsvollsten Hörerlebnissen herausfordert – nicht zufällig fungiert gerade das Spätwerk als eine häufig strapazierte Legitimationsinstanz für radikale Positionen in der neuen Musik des 20. Jahrhunderts.

In der Kritik der Cello-Sonaten op. 102 in der ‚Leipziger Allgemeinen Musikalischen Zeitung' wird als Entschuldigung für die schwer verständlichen Extravaganzen des berühmten Komponisten seine fortgeschrittene Taubheit ins Feld geführt – ein Aspekt, der bei näherem Hinsehen und einer Wendung ins Positive durchaus für sich spricht. Nicht im Sinn einer nicht mehr ausreichenden Klangkontrolle durch das Ohr, wohl aber im Sinn eines Schutzes gegen unnötige Außeneinwirkungen, doch auch als Moment gewaltigen Leidensdrucks muß Beethovens Taubheit als wesentlicher Bestandteil für die Ausbildung des Spätstils eingerechnet werden. Die klanglichen Utopien konnten sich unbehelligt in einem geschützten Innenraum entfalten, die mehrfach bezeugten seelischen Spannungen wirkten wohl als gewaltiges Energiereservoir, und die langjährige kompositorische und praktisch-musikalische Erfahrung garantierte adäquate Umsetzungen. Die Inkommensurabilität der Spätwerke, die trotz deutlicher entwicklungsgeschichtlicher Anbindung zugleich aus dem Kontinuum des Musikgeschichtsverlaufs herauszuspringen scheinen, entfaltet eine Strahlkraft, die für die Zeitgenossen zwar nur bedingt direkt erlebbar war die auffälligste Ausnahme bildet hierbei die große Bedeutung der 9. Symphonie für das gesamte 19. Jahrhundert –, desto wirkmächtiger jedoch in der Rezeption des 20. Jahrhunderts durchbricht. Da die Behandlung jeder der späten Sonaten ein eigenes Bändchen füllen könnte, muß in unserem Zusammenhang eine kursorische Beschreibung der jeweils wichtigsten Besonderheiten ausreichen. Sie erschließen sich nach wie vor in letzter Konsequenz nur dem Kenner, der bereit ist, dem Komponisten in die esoterischen Welten zwischen klanglicher Vergeistigung und radikaler Individualisierung zu folgen.

## Eintritt in eine neue Welt: Die Sonate in A-Dur, op. 101

Erster Satz: Etwas lebhaft und mit der innigsten Empfindung.
Allegretto, ma non troppo, A-Dur, 6/8-Takt
Zweiter Satz: Lebhaft. Marschmäßig/Vivace alla Marcia, F-Dur, 4/4-Takt
Dritter Satz: Langsam und sehnsuchtsvoll. Adagio, ma non troppo con affetto, a-Moll, 2/4-Takt

Vierter Satz: Geschwinde, doch nicht zu sehr, und mit Entschlossen-
heit. Allegro, A-Dur, 2/4-Takt

Das zwischen 1813 (erste Skizzen) und 1816 (Ausarbeitungs-
prozeß) entstandene und 1817 in Wien gedruckte Werk führt
erstmals den Titel ‚Sonate für das Hammer-Klavier' statt für
das Pianoforte, womit der generellen Tendenz zu deutschen
Bezeichnungen, so seit op. 90 bei den Vortragsangaben, auch
auf dieser Ebene Rechnung getragen wird. Doch ist damit angesichts der vielfachen Ungewöhnlichkeiten noch die geringste
Abweichung von üblichen Konventionen angezeigt. Schon die
wechselseitig einschränkenden, langen Satzbezeichnungen, die
vor allem im Finale ein drastisches Mißverhältnis zwischen
deutscher und italienischer Angabe aufweisen, verraten die Tendenz zu einer neuerlich vorangetriebenen Individualisierung:
Zwar entspricht der erste Satz rudimentär einem Sonatenhauptsatz, seine ‚innige' Kantabilität und die weitgeschwun-
genen Melodiebögen – Richard Wagner sah hier den Typus
seiner ‚unendlichen Melodie' vorgeprägt – rücken ihn jedoch
gleichzeitig in die Nähe eines langsamen Satzes. Auch harmonisch, rhythmisch und satztechnisch werden innerhalb dieses
erneut Schubertschen Tonfall antizipierenden Kopfsatzes vielfache Besonderheiten erkennbar: Zum einen wirkt die Satzfaktur auffällig kammermusikalisch, polyphon durchbrochen
– über weite Strecken wie ein aufs Klavier versetztes Streichquartett –, zum anderen wird die Tonika A-Dur lange Zeit
hinausgezögert, kaum berührt und immer wieder kunstvoll
vermieden, wodurch ein faszinierender klanglicher Schwebe-
zustand entsteht, der schließlich rhythmisch durch die große
Präsenz von Synkopen nachhaltig unterstützt wird. Gelegentlich setzen sich diese im Sinne einer abstrakten Reduktion der
harmonisch-rhythmischen Textur isoliert durch und bilden
faszinierende Klanginseln innerhalb des melodisch verschlun-
genen Entwicklungsgangs, die nach Art von Stillstandspartien
die musikalische Zeit kurzfristig aufzuheben scheinen (z. B.
Takt 29 ff. und Takt 81 ff). Immer wieder finden sich im
Spätwerk an dramaturgisch wichtigen Stellen, wie hier vor der
beginnenden Durchführung beziehungsweise der Coda, ent-

sprechende Partien, die das Taktmetrum als zeitlichen Ordnungsrahmen außer Kraft setzen und damit eine neue Dimension der Klangzeitgestaltung eröffnen – so auch in den drei Kopfsätzen der Sonaten op. 109 bis 111 jeweils vor der Coda.

Darüber hinaus enthalten die thematischen Prozesse im Kontext dieser umfassenden Kantabilität einen neuen Grad an Mehrdeutigkeit; so bleibt es beispielsweise offen, ob die Takte 16 ff. tatsächlich ein zweites Thema oder nur einen melodischen Nachsatz zum ersten Themenblock bilden – auch der harmonische Trugschluß in Takt 15/16 tut das Seine zu dieser schwebenden Ambivalenz. Generell erscheinen die konstitutiven Teile des Sonatenhauptsatzes kaum abgegrenzt, gleiten vielmehr ineinander über und erzeugen ein durchgehendes, wenn auch funktional deutlich differenziertes Kontinuum, in dem der genau kalkulierte Einsatz von Lagenverhältnissen eine besondere Rolle spielt.

Der virtuose zweite Satz, der wohl zusammen mit den Vertracktheiten des Finales Beethoven selbst zum Ausspruch von einer „schwer zu exequierenden Sonate" veranlaßte, verrät erneut bereits in der Überschrift seine charakteristische Innenspannung: Es handelt sich nicht um einen Marsch, sondern um ‚Marschmäßiges', das zugleich im ‚Vivace' gehalten werden soll. Tatsächlich erhält der Satz erst in raschem Tempo den eigentlich intendierten Scherzo-Charakter, der letztlich aus der Überhitzung des typisch punktierten Marschrhythmus resultiert. Dieser wird bestätigt durch das weitgehend kanonisch geführte Trio, das von Beethoven nicht als solches bezeichnet wird. Die einerseits geschwind vorwärtsdrängende, andererseits karg ausgedünnte, mit akademischer Konsequenz spielende Polyphonie, die gleitend einen weiten Klangraum absteckt, wird erneut durch Stillstandspartien eingerahmt: Pendelbewegungen ab Takt 35 beziehungsweise am Überleitungsbeginn zum *da capo* des Marsches ab Takt 84. Ebenso steht im Zentrum der motorisch zielgerichteten, polyphon und lagenmäßig mehrfach gebrochenen Marschfiguration eine verlaufsentspannte Klanginsel in Des-Dur (ab Takt 30). In seiner phantastischen Exaltiertheit erinnert der Satz überdies an Schumannschen Tonfall, der immer wieder den Typus überdrehter Marschrhythmik sucht.

Noch einmal macht das visionäre Adagio deutlich, warum Richard Wagner gerade diese Sonate besonders liebte: Der sehnsuchtsvoll-emphatische Klangbaustein des Doppelschlags mit nachfolgend gespannter Sext (erstmals Takt 1, dann innerhalb des Fortspinnungsteils Takt 19 ff. gehäuft) erinnert an das ‚Sehnsuchtsmotiv' aus dem ‚Ring'. Auch in dieser metaphysisch-jenseitigen Einleitung des Finales, die über einen kurzen, kadenzartigen Einstieg zur programmatischen Reminiszenz des Beginns der Sonate führt (Takt 21 ff.), somit eine satzübergreifende zyklische Verklammerung etabliert, behält eine gewisse polyphone Grundorientierung ihr Recht (Imitationen ab Takt 9), die im *attacca* angeschlossenen, hochvirtuosen Schlußsatz endgültig eingelöst wird. Die 20 Takte Adagio vermögen letztlich auch deshalb einen kompletten langsamen Satz zu vertreten, weil ja bereits der erste charakterlich einem solchen nahestand und insofern antizipierend wirkte.

Beim Finale handelt es sich um ein völlig neuartiges satztechnisches Experiment, das einen polyphon durchgearbeiteten Sonatenhauptsatz mit einem tatsächlichen Fugato in drei Teilen am Ort der Durchführung verknüpft. Besonders auffällig wirkt der durch Trillerketten hinausgezögerte Einsatz des Hauptthemas (Takt 28–33), der einmal mehr überraschend mit der Erwartungshaltung des Hörers spielt. Allerdings erscheinen auf ähnliche Weise wie im ersten und zweiten Satz klangflächig gestaltete Inseln im Inneren – am deutlichsten und abgehobensten in Takt 252 ff. –, die der Verlaufsspannung zwischen Sonatenhauptsatzdramatik und polyphonem Stimmführungsdiskurs die Pole motorischer Bewegungsenergie und verhaltener Klangzuständlichkeit gegenüberstellen. Beethovens ausgreifende Geste verwendet bereits in diesem ersten grandiosen Spätwerk seines Sonatenœuvres unterschiedlichste Techniken, Stile und Ausdruckscharaktere, um sie in einer weitgespannten Dramaturgie zusammenzuzwingen. So entstand eine neue, bis dahin nicht erahnbare Qualität struktureller Vielheit in formaler Einheit, die den Begriff des Klassischen ebenso hinter sich ließ wie den der Romantik des 19. Jahrhunderts, die gerade begann.

## Das insgeheime ,*opus maximum*':
## Die Sonate in B-Dur, op. 106

Erster Satz: Allegro, B-Dur, alla breve
Zweiter Satz: Scherzo. Assai vivace, B-Dur, 3/4 Takt
Dritter Satz: Adagio sostenuto. Appassionato e con molto sentimento, fis-Moll, 6/8-Takt
Vierter Satz: Largo/Allegro risoluto, F-Dur/B-Dur, 4/4-Takt/3/4-Takt

Zweifellos könnte man über diese gewaltigste Klaviersonate der klassisch-romantischen Epoche allein ein Buch schreiben. Sie entstand in den Jahren 1817/1818 nach Beethovens eigenen Äußerungen „in drangvollen Umständen" (Brief an Ferdinand Ries vom 19. April 1819), womit wohl einerseits auf den Tod des Bruders Caspar Carl und die damit zusammenhängenden Auseinandersetzungen um die Vormundschaft für den Neffen, andererseits auf die fortschreitende Taubheit hingewiesen wird, die seit 1818 die Verwendung der berühmten Konversationshefte als schriftliche Kommunikationsform nötig machte. Zudem hatte sich Beethovens finanzielle Lage entschieden verschlechtert – „... es ist hart, beinahe um des Brodeswillen zu schreiben ..." –, die ihn zu Überlegungen zwang, eine Einladung nach London anzunehmen, um dort eigene Symphonien zu dirigieren – sein gesundheitlicher Zustand verhinderte dies allerdings. 1819 erschien die Sonate schließlich bei Artaria in Wien, die erste nachweisliche Aufführung besorgte 1823/1824 Beethovens getreuer Schüler Carl Czerny, dem er schon während der Entstehungszeit mitteilte: „Jetzt schreibe ich eine Sonate, welche meine größte seyn soll." Mit dieser Bemerkung wird sowohl die kompositorische Dimension wie der enorme spieltechnische Schwierigkeitsgrad des Werks angedeutet, der vor allem die finale Fuge nach wie vor zu den anspruchsvollsten Stücken der Klavierliteratur zählen läßt. Auch Beethovens Ankündigung dem Verlag gegenüber

drückt dies unmißverständlich aus: „Da haben Sie eine Sonate, die den Pianisten zu schaffen machen wird, die man in 50
Jahren spielen wird." Hier verrät sich Beethovens generelle
Tendenz zur utopischen Steigerung und schließlichen Übersteigung spieltechnischer Konventionen, die er schon mit seinem berühmten Wort dem Geiger Ignaz Schuppanzigh gegenüber drastisch zum Ausdruck brachte: „Glaubt er denn, daß
ich an seine elendige Geige denke, wenn der Geist zu mir
spricht." Hierher gehören auch die umstrittenen Metronomangaben des Werks von eigener Hand, übrigens der einzige Fall
im Bereich einer Klaviersonate; vor allem im ersten Satz
(Halbe = 138) und in der Schlußfuge (Viertel = 144) über-
schreiten sie, konsequent eingehalten, die Grenzen sinnvoller
Realisierbarkeit und können wohl nur als allgemeine Hin-
weise auf ein möglichst rasches, vorwärtsdrängendes Tempo
gelesen werden, das Beethoven zweifellos vorschwebte. Das
Problem überraschend schneller Metronomisierung betrifft
allerdings auch den gewaltigen langsamen Satz (Achtel = 92),
der seinerseits, in diesem Tempo gespielt, eher zu einem flie-
ßenden Andante tendiert denn zu einem Adagio sostenuto –
vor allem die vielfachen Umspielungen und Diminutionen bis
hin zu Zweiunddreißigstel-Ketten erhalten dann einen merkwürdig flüchtigen Charakter. Dennoch sollte auch in diesem
Fall Beethovens deutliche Intention eines durchgängigen Flus-
ses durchaus ernstgenommen werden.

Auch die Editionsgeschichte des riesenhaften Werks ist ver-
wickelt. Als ‚Große Sonate für das Hammerklavier' und damit
in der Titelei an op. 101 anknüpfend, erschien es in der oben
angegebenen Reihenfolge der Sätze in Wien, in einer kurz
darauf besorgten Londoner Ausgabe dagegen davon abweichend: Hier folgt auf den Kopfsatz das Adagio und am Ende
das Scherzo, während die Schlußfuge mit Introduktion gesondert herausgegeben wurde. Wir haben hier wohl einen ähnlichen Vorgang wie beim Streichquartett op. 130 vor uns, bei
dem ebenfalls die Schlußfuge als ursprünglicher Finalsatz ab-
getrennt und gesondert in zwei Fassungen (zusätzlich für Klavier vierhändig) publiziert wurde. In diesem Fall komponierte

Beethoven jedoch ein neues Finale, während die Londoner Fassung der ‚Hammerklaviersonate' wohl als nicht repräsentativer Spezialfall einer Verlegerentscheidung zu gelten hat, den Beethoven allerdings im oben zitierten Brief an Ries legitimierte: „… sollte die Sonate nicht recht seyn für London, so könnte ich eine andere schicken, oder sie können auch das Largo auslassen und gleich bei der Fuge das letzte Stück anfangen … oder das erste Stück als dann das Adagio und zum dritten das Scherzo und Nr. 4 sammt Largo und Allegro risoluto ganz weglassen, oder Sie nehmen nur das erste Stück und Scherzo als Sonate. Ich überlasse Ihnen dieses, wie Sie es am besten finden."

Auch hiermit deutet diese für Beethoven völlig ungewöhnliche Haltung, mehrere Alternativen einer endgültigen Werkgestalt zuzulassen, einerseits die Notsituation, andererseits das Wissen darum an, mit dieser Sonate weitgehend Konventionen und Erwartungen von Publikum und Interpreten hinter sich gelassen zu haben. Ausdehnung, Komplexität, Vielfalt der Charaktere und struktureller Abstraktionsgrad sprengen alle bis dahin üblichen Grenzen und verleihen der Sonate einen nahezu exterritorialen Status. Nirgendwo wird die historische Inkommensurabilität des Beethovenschen Spätstils deutlicher als hier.

Mit am erstaunlichsten mutet wohl an, daß es Beethoven auf ebenso eindringliche wie elementare Weise gelang, die riesenhafte Anlage zyklisch zu verklammern. Dafür ist einerseits die Großform zuständig, die letztlich eine Balance dreier Großblöcke sucht (Allegro – Adagio – Allegro), wobei dem ersten Satz als eine Art flüchtig entspannter, leicht karikaturistischer Nachklang das folgende Scherzo, der gewaltigen Fuge die improvisatorisch-phantasieartige Improvisation des Largo als Vorspann beigegeben zu sein scheint. In beiden Fällen unterstützen strukturelle Bestandsaufnahmen diese Annahme: Die Gestaltung des Rhythmus und der Intervalle der Hauptthemen des Scherzos verweisen eindeutig auf den Gestus des Hauptthemas im ersten Satz, ja selbst die volksliedhaft einfache Triostruktur, die durch das Aussparen der Dominante einen merkwürdig schwebenden Charakter erhält, läßt sich in Bezug zum zweiten Thema des Kopfsatzes setzen. Umgekehrt verweisen bereits die über einen weiten Ambitus gespannten leeren Oktaven des Largobeginns sowie die Figurationen im nachfolgenden *un poco piu vivace* auf die Fuge und deren Beginn ab Takt 11 – auch hier wie in der Prestissimo-Überleitung erscheinen leere Oktaven als zentraler Baustein und ein ähnlicher Figurationszug als eigentlicher Kern des Fugenthemas ab Takt 15. Vor allem dieser strukturelle Tatbestand legt es noch einmal nahe, die dreisätzige Londoner Fassung oder gar deren Erweiterung zur Viersätzigkeit durch die beigegebene Fuge nur als einen pragmatischen Sonderfall zu sehen.

Über die Balance der aneinandergereihten Sätze hinaus wirkt als weiteres Mittel der Verklammerung der intervallische Bezug aller Sätze auf Terzgänge, die sich sowohl im thematischen wie im harmonischen Bereich als strukturbildend erweisen. Mit diesem zyklischen Bindemittel deutet sich ein weiteres Charakteristikum von Beethovens Spätstil an: Wir treffen hier auf ein Verfahren, das über motivisch-thematische Bezüge hinaus im vorgeordneten Bereich von Intervallkonstellationen formbildende Mittel entdeckt und mobilisiert – eine Technik, die uns seit Anton Webern auf vielfältige Weise im Bereich der Neuen Musik des 20. Jahrhunderts wiederbegegnet. Als letzter Aspekt der zyklischen Verklammerung muß die eigentümliche harmonische Ambivalenz zwischen B-Dur als Haupttonart und h-Moll als Gegenpol benannt werden, die in allen Sätzen subkutan wiederzufinden ist und immer wieder direkt wirksam wird. Ob sich darin eine grundlegende poetische Idee für den gesamten Zyklus im Sinne von Positiv – Negativ, Licht – Dunkel, Lösung – Verfangenheit artikuliert, kann letztlich nicht definitiv entschieden werden, wenn auch Anmerkungen Beethovens, wie die auf einer Skizze: „h-Moll – schwarze Tonart", darauf hindeuten.

Für die Behandlung der einzelnen Sätze muß es in diesem Zusammenhang ausreichen, einige wesentliche Gesichtspunkte herauszustellen. Das auffällig fanfarenartige Hauptthema des Kopfsatzes mit der Terz als Zentralintervall scheint in di-

rektem Bezug zum Widmungsträger Erzherzog Rudolph von
Österreich zu stehen. Wie eine zeitgleiche Skizze Beethovens
für eine Huldigungskomposition beweist, in der dem identi-
schen Hauptrhythmus der Text „*Vivat, vivat Rudolfus*" unterlegt ist, soll damit wohl ein Hinweis auf die Ernennung des
aristokratischen Schülers und Förderers zum Erzbischof von
Ölmütz gegeben werden.

Der ungewöhnliche Paukenschlag des tiefen B zu Beginn findet sich übrigens auf der Dominante F in ähnlicher Funktion,
mehrfach wiederholt, am Beginn der Fuge (Takt 11 und 14),
wodurch erneut eine großformale Klammer entsteht. Die sich
anschließenden volksliedhaften Formeln, deren Reihung zunächst einen viertaktigen Nachsatz ergibt, können durchaus
als Antizipation des Seitensatzblocks ab Takt 47 angesehen
werden. Generell läßt sich als Hauptmerkmal des gewaltigen
Sonatenhauptsatzes ausmachen, daß sowohl konventionelle
Periodenbildungen wie weiträumige Fortspinnungspartien einander ablösen, somit eine Durchdringung der thematischen
Setzungen mit Durchführungselementen bereits in der Exposition und der Reprise vorliegt. Damit wird eine weitere Tendenz des Spätstils deutlich, die darin besteht, die Formteile
der Satztypen durch die wechselseitige Durchdringung ihrer
Aufgaben und Strukturmerkmale einander anzunähern, was
letztlich bedeutet, daß die prozeßhafte Verarbeitung als kompositorisches Ideal alle Bereiche erfaßt. Hier wird aus diesem
Sachverhalt insofern eine Konsequenz gezogen, als erneut, wie

schon im Finale von op. 101, für die Durchführung selbst der Spezialfall eines Fugatos (ab Takt 131 ff.) bemüht wird. Dadurch erhält einerseits die Durchführung trotz der Ausbreitung von Verarbeitungstechniken über den gesamten Satz ein eigenes Profil und wird zudem andererseits eine weitere Verbindung zwischen Kopfsatz und der dann konsequent ausgeführten Schlußfuge hergestellt.

Für das gewaltige Adagio, das den ausgedehntesten langsamen Satz Beethovens ausmacht, gilt es folgende charakteristische Merkwürdigkeit anzuführen: Ursprünglich begann der Satz mit Takt 2 in der Grundstellung der Tonika fis-Moll. Beethoven sandte nun lange nach Fertigstellung des weiträumigen Satzes Ferdinand Ries einen voranzustellenden Takt, der jetzt als Beginn figuriert:

Mit den beiden Noten a – cis dieses einen Taktes erhält das Hauptthema einen auftaktigen Impuls – vom Sextakkord in die Grundstellung –, zu dem das erneut zentrale Intervall des Terzfalls in Takt 2 ein Pendant zum Terzsprung in Takt 1 bildet. Dieses scheinbar nebensächliche Detail verrät einmal mehr, wie detailorientiert Beethoven als Komponist selbst bei größten Satzumfängen (187 Takte lang) bis zum Schluß arbeitete und dachte. Formal kommen in diesem Adagio zwei Themenblöcke vor, lassen sich eher exponierende gegenüber verarbeitenden Partien unterscheiden, ohne daß jedoch ein konventioneller Sonatenhauptsatz entstünde; vorrangig wird eine Orientierung an der Liedform den vielfältigen Prozessen als grundsätzliche Disposition gerecht. Besonders auffällig sind innerhalb der reichhaltigen Umspielungen und der weiten harmonischen Wege die Auflichtungen nach G-Dur, wobei sich bereits innerhalb des ersten Themenblocks zwei entsprechende Zonen wiederfinden (Takt 14 und Takt 22), somit erneut eine Gegenüberstellung zweier auch semantisch klar zu unterscheidender Ebenen stattfindet.

Kein Geringerer als Ferruccio Busoni bezeichnete die Introduktion zur ebenfalls gewaltigen Fuge als die freieste Musik, die bis zu diesem Zeitpunkt geschrieben wurde. Das improvisatorisch-phantastische Moment, das Oktav- und erneut Terzintervalle als zentrale Erscheinungsformen aufweist, geht so weit, daß die Partie unmittelbar vor der beginnenden Fuge freirhythmisch, das heißt ohne taktmetrische Bindung, notiert ist. Die daran anschließende Fuge offenbart eine überraschend klare Gliederung ihres durchgängig thematisch-variierenden Ablaufs: Einer großformalen Gliederung in drei Teile – Teil 1 (Takt 16–249) / Teil 2 (Takt 250–278) / Teil 3 (Takt 279–400) – entspricht eine siebenteilige Binnengliederung: Abschnitt 1 (Takt 16–84) / Abschnitt 2 (Takt 85–152) / Abschnitt 3 (Takt 153–207) / Abschnitt 4 (Takt 208–249) / Abschnitt 5 (Takt 250–278) / Abschnitt 6 (Takt 279–366) / Abschnitt 7 (Takt 367–400). Jedem dieser Abschnitte sind jeweils variierte Formen des Hauptthemas zugrunde gelegt – insgesamt lassen sich 21 Varianten unterscheiden –, außerdem sind unterschiedliche formale Funktionen zu erkennen. Bezogen auf die Grobgliederung, orientieren sich die strukturellen Entwicklungen im ersten Teil am ersten Thema, im zweiten Teil am zweiten Thema und im dritten Teil an einer Kombination beider, die jedoch unmißverständlich deutlich macht, daß es sich letztlich nicht um das formale Konzept einer Doppelfuge mit gleichberechtigten Themen handelt. Das zweite Thema bleibt peripher, wird fast wie ein verselbständigter und zugleich kontrastierender Kontrapunkt behandelt und tastet die Dominanz des ersten nicht an.

Den vielfältigen Varianten des Hauptthemas entsprechen satztechnisch alle möglichen Spielarten polyphoner Stimmführung, die bis zum Krebs des Themas im dritten Abschnitt, bemerkenswerterweise in h-Moll, reichen. Letztlich suchte Beethoven in dieser gewaltigen Fuge auch das Finalproblem großdimensionierter Sonatenkomposition definitiv zu lösen, dessen Geschichte sich vor allem im Bereich der Symphonik das gesamte 19. Jahrhundert hindurch weiterverfolgen läßt.

## Das rätselhafte Vermächtnis:
## Die Sonaten op. 109, 110 und 111

Obwohl selbstverständlich jede der drei letzten Klaviersonaten eine eigene Opus-Zahl trägt – die radikale Individualität und ästhetische Autonomie jedes Einzelwerks erfordert dies –, bestehen dennoch übergreifende Zusammenhänge, die sie mehr noch als die Werke der Gruppen op. 10/1–3 oder op. 31/1–3 als zusammengehörig erscheinen läßt – die häufigen Gesamtaufführungen im Konzertleben bestätigen dies. Auch der Entstehungszeitraum ist der gleiche, obwohl Beethovens Erkrankung die Vollendung von op. 110 und 111 vor 1822 verhinderte. Im folgenden sollen einige Beobachtungen erläutert werden, die teilweise als generell typisch für das Spätwerk gelten können, darüber hinaus aber auch spezielle Beziehungen zwischen den Werken der Abschlußtrias herstellen.

So muß der gesteigerte Einbruch improvisatorisch-phantasieartiger Zonen, die wir schon von der Hammerklaviersonate her, vor allem in der Einleitung zur Fuge, kennen, hervorgehoben werden, so im Adagio espressivo des ersten Satzes von op. 109, in der Maestoso-Einleitung von op. 111 oder im Beginn des dritten Satzes Adagio ma non troppo von op. 110. Die phantastische Reihungstechnik unterschiedlicher Satztypen und Charaktere im letzten Fall führt stellenweise erneut zur Auflösung des Taktmetrums; bereits in der Einleitung zur Fuge in op. 106, mit der die Stelle viel gemein hat, war dies der Fall. Damit ist indirekt ein weiteres Phänomen angedeutet, das in allen drei Sonaten unmittelbar vor der Coda des ersten Satzes anzutreffen ist: Beethovens kompositorisches Verhältnis zur musikalischen Zeitgestaltung scheint sich insofern gewandelt zu haben, als die Erfüllung des Taktmetrums durch individuelle Rhythmik relativiert wird. Immer wieder entstehen merkwürdige Stillstandspartien, die die Ordnungskraft und Wirkung der vorgeschriebenen Taktordnung unterlaufen.

Ob durch Überbindungen (op. 110, Takt 100 ff.), vereinzelte Schläge (op. 111, Takt 146 ff.) oder irritierend lange Pausen (op. 109, Takt 75 ff.), die gesuchte Wirkung scheint auf ein Herausspringen aus dem taktmetrisch vorgegebenen Zeitkontinuum gerichtet zu sein. Damit kündigt sich ein wichtiger Aspekt rhythmisch-metrischer Verhältnisse in der Neuen Musik des 20. Jahrhunderts an: Die einzelne Schlagzeit und der individuell geformte Rhythmus, losgelöst von der qualitativ und quantitativ vorordnenden Taktmetrik, emanzipieren sich zu den eigentlichen Trägern der musikalischen Zeitgestaltung. Da sich im Spätwerk generell Utopisches mit Rückbezügen, Modernität mit Klassizismen durchdringen, ja wechselseitig bedingen, könnte durchaus ein später Reflex auf Carl Philipp Emanuel Bachs Phantasien aus der Sammlung ‚Für Kenner und Liebhaber‘ mitgespielt haben, da schon deren Notenbild rein äußerlich an die taktmetrischen Auflösungspartien Beethovens gemahnt.

Dem losgelassen-phantastischen Moment in den späten Sonaten wirken vor allem zwei Strukturmaßnahmen entgegen: das weiterhin gültige Prinzip thematischer Arbeit, das sich jedoch nicht selten auf eine abstraktere Ebene begibt, indem es im Sinne von intervallischen Grundgestalten den Verlauf zu binden sucht – beispielsweise wie in op. 109, wo erneut die Terz als eine Art konstitutives Zentralintervall aller wichtigen Erscheinungen erkennbar wird. Da ihre Bedeutung als Grundbaustein, wenn auch nicht so dominant, in op. 110 und 111 durchaus wiederzufinden ist, entsteht sogar eine Art diastematischer Verklammerung auf der Ebene abstrakter Intervallsetzung über die Einzelwerke hinaus. Das zweite Gegengewicht geht auf die gesteigerte Ausbreitung von kontrapunktischen und entsprechend polyphonen Texturen über die gesamten Zyklen zurück. Nicht nur in op. 110, wo diese erneut als *fuga* und danach als *l'inversione della fuga* direkt satzkonstituierend wirken, spielen sie als Imitationen, Umkehrungen, Krebsbildungen oder kurze Fugatos eine bedeutende Rolle: in op. 109 innerhalb des finalen Variationsprozesses (vor allem in Variation IV und V), ja sogar im scherzoartigen Prestissimo, und in op. 111 im Allegro des dramatischen Sonatenhauptsatzes, hier vor allem in der Durchführung. Strenger Satz, ob polyphon oder thematisch-verarbeitend, und improvisatorische Phantasie – seit den Anfängen der Instrumentalmusik die beiden wesentlichen Pole kompositorischer Gestaltung – erscheinen im Spätwerk Beethovens erneut als die zentralen formbildenden Elemente.

Hierzu paßt als weiteres Charakteristikum ein gänzlich neuartiges Variationsprinzip, nach dem im Kleinen die Schlußvariation des Finales von op. 109 größer dimensioniert, der Auflösungsprozeß der Umkehrungsfuge am Schluß von op. 110 und in letzter Vollendung schließlich der Variationsprozeß der ‚Arietta‘ in op. 111 vorangetrieben wird. Durch das figurierende Eindringen in grundlegendes thematisches Material wird dieses Schritt für Schritt einem zielgerichteten, kolorierenden Auflösungsprozeß in immer kleinere Notenwerte und oftmals extreme Lagen unterzogen, der beispielsweise in op. 109 und 111 als Ergebnis nur noch die freigelassene Klangfläche mit Trillern, Arpeggien, Tremoli und verschiedensten *ostinati* zurückläßt – reiner Klang erscheint hier als letzte Ursubstanz von thematisch gebundener Musik, ungebundene klangliche Freiheit als idealer Zustand und Endpunkt eines zielgerichteten Prozesses. In diesen Zusammenhang gehört die grundsätzliche Tendenz zu utopischen Klangbildungen in satztechnischer und klangfarblicher Hinsicht. Allein die immer wieder vorkommenden extremen Lagenverhältnisse deuten dies an, die zugleich als Attraktionsstellen an dramaturgisch wichtige Positionen gesetzt sind: Sie reichen von größten Baß-Diskant-Spannungen, die, oft „auf Lücke registriert", mit keinerlei Klangfüllung dazwischen ausgestattet sind, bis zu ätherischen Figurationen im höchsten Diskant in beiden Händen, so am Ende der beiden Variationsprozesse im Sinne einer letztmöglichen Überhöhung und Sublimierung.

Die subjektive Radikalität und ästhetische Rücksichtslosigkeit vieler dieser Verfahren, die die Zeitgenossen durchaus kritisch und verständnislos kommentierten, können vielleicht nur vor dem Hintergrund eines weitgehenden Schutzes gegenüber aller Konventionalität, den die belastende Taubheit des Komponisten auch bot, begriffen werden. Hierher gehört sicherlich auch der offensichtliche Bruch mit traditionellen Gattungsnormen. Nicht nur historisch bedingte Normen wie die Grenzen zwischen barockem Fugenmodell und klassischem Sonatenprinzip werden übersprungen, sondern gerade auch solche zwischen instrumentalem und vokalem Bereich. Das zeigt sich am deutlichsten im generell vokal orientierten, kantablen Satz des Spätstils, der sich direkt in den Variationsthemen von op. 109 und op. 111 (,Arietta') findet, korrespondierend mit direkten Übertragungen ursprünglich vokal gebundener Formen aus dem Bereich von Oper oder Oratorium, wie denen des Rezitativs und des Arioso im Schlußsatz von op. 110. Wie in der 9. Symphonie als Sonate für Orchester Chor und Solisten die Gattungsgrenzen generell aufbrechen, so auch im Fall der letzten Sonaten für Klavier. Dies muß wohl als letzte Konsequenz der langfristig betriebenen Modifikationen, Erweiterungen und Auflösungstendenzen von Satz- und Zyklusnormen spätestens seit der mittleren Schaffensphase angesehen werden.

Die Sonate in E-Dur, op. 109
   Erster Satz: Vivace ma non troppo/Adagio espressivo, E-Dur, 2/4-Takt
   Zweiter Satz: Prestissimo, e-Moll, 6/8-Takt
   Dritter Satz: Gesangvoll, mit innigster Empfindung, E-Dur, 3/4-Takt

Der gesamte Zyklus dieser 1820 komponierten Sonate scheint bei näherer Betrachtung trotz der offensichtlichen Dreisätzigkeit eigentlich aus einer ausbalancierten Zweisätzigkeit zu bestehen: Der kontrastreiche erste Satz wird durch überhängendes Pedal mit dem scherzohaften Prestissimo des zweiten, der zugleich als Sonatenhauptsatz angelegt ist, verbunden; das Prinzip des Kontrastes setzt sich hierbei insofern fort, als dem lyrisch-bewegten E-Dur mit abschließendem Piano ein jäh aufschießendes Fortissimo in Moll folgt. Diesem Panorama extremer Kontrastierung, das sich bereits im ersten Satz im Gegenüber von Vivace und Adagio ausbreitet, wo zugleich

radikal unterschiedliche erste und zweite Themenblöcke verwendet, aber auch tendenziell eine Art Integration eines ersten
und zweiten Satzes suggeriert werden, steht als formales Gegengewicht das fortlaufende Reihungsprinzip des finalen Variationssatzes gegenüber. Bereits dessen ‚gesangvolles‘ Hauptthema konstituiert eine Gegenwelt, die auch der gemeinsame
Grundbaustein der Terz nicht in ihrer Spannung beeinträch-
tigt. Trotz schulmäßig realisierter zweimaliger Achttaktigkeit
enthält die Periode in sich eine changierende Offenheit, die
sich durch die Verknüpfung von kunstvoller Volksliedhaftig-
keit, langsamem Schreittanz nach Art einer Sarabande und
gleichzeitig durchdachter Stimmführung im Sinn hochentwik-
kelter Choralkomposition auszeichnet – selbst der Schluß deutet mit der Terz gis als melodischem Zielton die relative Offenheit auf Weiteres hin an. Diese Weiterführung lösen dann
die nachfolgenden Variationen ein, die sich zunächst ganz um
Gestalt und Aufbau des Themas ranken. Merkwürdigerweise
endet in Beethovens Manuskript, abweichend von der Erst-
ausgabe von 1821 bei Schlesinger in Berlin, die Zählung bei
der vierten Variation. Verfolgt man den Prozeß unter dieser
Perspektive weiter, erhält man ein verblüffendes Ergebnis:
Nach einem zeremoniellen Walzer in Variation 1, einer kom-
plementär-rhythmischen Auflösung in Sechzehnteln in Variation 2, einer stark kontrastierenden, überhitzten ‚zweistimmigen Invention‘, die charakterlich auf das Prestissimo des zweiten Satzes zurückverweist, als Variation 3, scheint tatsächlich
die vielfach scheinpolyphone, kantable Umspielungstechnik
von Variation 4 „etwas langsamer als das Thema“ einen möglichen Endpunkt zu setzen. Nachweislich hat Beethoven bei
weitem mehr Variationsentwürfe skizziert, wieder verworfen
oder in verschiedenen Fassungen Ansätze kombiniert und erst
nach mühevoller Arbeit endgültig aussondiert. Vor diesem
Hintergrund erstaunt zunächst die robuste Polyphonie der
fünften Variation, die letztlich die klangliche Überhöhung im
zweiten Teil der vierten Variation merkwürdig zurücknimmt.
Erst der Anschluß zur sechsten Variation, der mit einer Andeutung des Themas beginnt, macht deutlich, daß in den Rei-

hungsablauf der Variationen erneut ein Kontrastprinzip gesetzt wurde, das den letztlich entscheidenden, sublimatorischen Vorgang innerhalb der sechsten Variation erst ermöglicht. Ausgehend von der Andeutung des Themas, beginnt jetzt wiederum und in letzter Konsequenz der klangfarblichfigurierende Auflösungsprozeß, der in reinen Klang mündet und danach erst erlaubt, die gesamte Hauptthemenperiode als Reminiszenz wie als formal abrundendes Schlußereignis erscheinen zu lassen (ab Takt 188). Zweifellos tritt damit nach der vierten Variation eine Brechung des bis dahin beachteten variativen Reihungsprinzips auf, die über die Kontrastbildung einen neuen Prozeß in Gang setzt; damit wird letztlich die Gliederung in einzelne Variationseinheiten überwölbt und überhöht.

Zweiteiligkeit und Kontrastprinzip spielen in dieser Sonate generell eine entscheidende Rolle, was signalhaft bereits der Anfang des Kopfsatzes verrät: Über die denkbar schärfste Gegenüberstellung eines Vivace und Adagio als erstem und zweitem Thema hinaus scheint hier zugleich eine Integration von schnellem Kopfsatz und langsamem Mittelsatz angedeutet zu sein, die dem Sonatenhauptsatz über seine konstitutive Dreiteiligkeit hinaus erneut eine zweiteilige Tendenz verleiht. Diese bestätigen auch die Vortragsangaben, die zudem im Sinne einer Umwertung üblicher Zuordnungen gesetzt sind: Das gleichmäßig-ruhig bewegte Vivace, in das die terzgeprägte Melodie leicht verhüllt eingraviert ist, soll in seinem kontinuierlichen Fluß *dolce* verlaufen, während das weitausgreifende, mit dynamischen Kontrasten und weiten Klanggesten ausgestaltete Adagio durchaus *espressivo* erscheinen soll. Nicht nur Satztypen werden ineinander übergeführt, um gleichzeitig das Kontrastprinzip des Sonatenhauptsatzes darzustellen, sondern auch Charaktere überlappen sich und schaffen dadurch höchste Ausdrucksindividualität, wie hier ein mildes Vivace und ein wildes Adagio.

Die Sonate in As-Dur, op. 110
Erster Satz: Moderato cantabile molto espressivo, As-Dur, 3/4-Takt
Zweiter Satz: Allegro molto, f-Moll, 2/4-Takt

Dritter Satz: Adagio ma non troppo/Fuga. Allegro ma non troppo,
b-Moll/As-dur, 4/4-Takt/6/8-Takt

Wie bei den Sonaten op. 109 und 111 steht auch der Kompositionsprozeß von op. 110 in unmittelbarem Zusammenhang mit der Entstehung der ‚*Missa solemnis*‘. Allerdings ist wohl im letzten Satz dieser Sonate mit seiner visionären Kopplung von vokalen Traditionsschichten wie einem Rezitativ und einer Arie mit der Fuge, die als ursprüngliche Instrumentalform ebenfalls von jeher in geistliche Werke, vor allem in Messen, Eingang fand, der deutlichste Bezug spürbar – Werkskizzen zu op. 110 sind neben solchen zum ‚*Credo*‘, ‚*Agnus dei*‘ und ‚*Dona nobis pacem*‘ der Messe zu finden. Zugleich handelt es sich wie im Fall von op. 109 erneut um eine finalgerichtete Sonate, vor allem aufgrund des eminenten Gewichts des komplizierten Satzverlaufs am Schluß. War im ersten Satz von op. 109 eine Verschränkung von langsamem und schnellem Satz im Dienst einer kontrastreichen Sonatenhauptsatzform mit gleichzeitig phantasieartigem Charakter am Beginn feststellbar, so wird in op. 110 ein entsprechendes Verfahren an der Position des Finales erkennbar. Dessen interne formale Gliederung verschränkt wiederum Elemente langsamer und schneller Satztypen, bestehend aus einer Adagio-Einleitung, Arioso eins, Fuga eins, Arioso zwei und Fuga zwei (in Umkehrung). Der Satzverlauf gehört zu den gewagtesten Formkonzeptionen des Beethovenschen Œuvres und zeigt doch bei näherer Betrachtung eine zwingende Dramaturgie und zielgerichtete Verlaufslogik. Schon der Blick auf den Notentext läßt erkennen, daß bereits zu Beginn eine höchst ungewöhnliche Textur vorliegt:

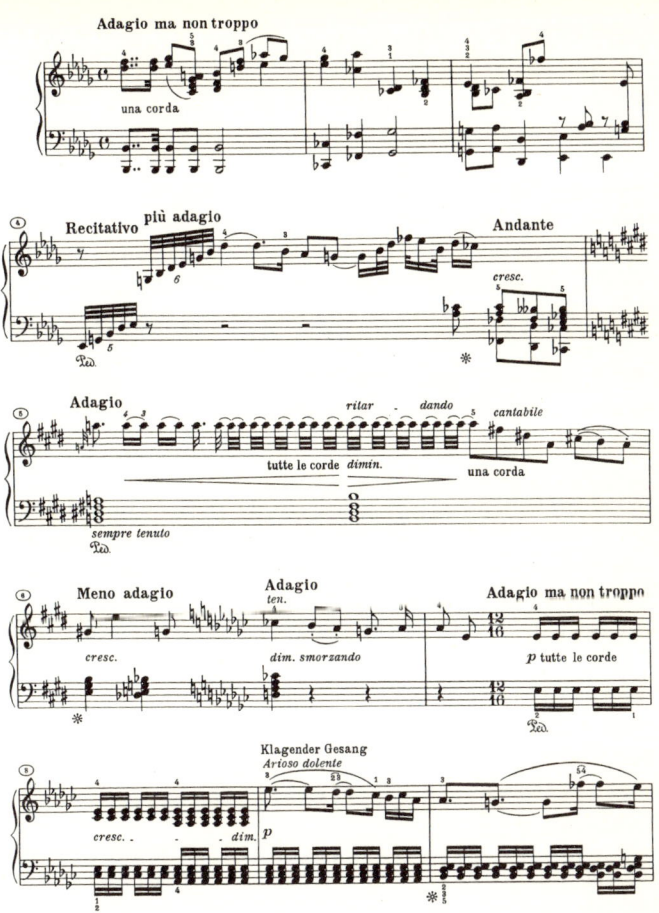

Die ersten drei Takte erzeugen den Eindruck des Beginns eines
groß angelegten Adagios, so wie etwa in der ‚Hammerklaviersonate' op. 106. Ein entsprechender Entwicklungsverlauf
wird jedoch verweigert und abgebrochen, da plötzlich ein
durchgehend pedalisiertes Rezitativ erscheint, das von typisch
barocken Begleitfloskeln in Akkordfortschreitungen abge-
schlossen und weitergeführt wird (*crescendo*), jedoch erneut

143

in einen völlig anderen Satztyp umkippt. Die Notationsweise des taktfreien Adagios mit seinen zunehmenden Beschleunigungen verrät die Tradition einer Manier, wie sie nach den Lehrwerken des 18. Jahrhunderts an besonders empfindsamen Stellen angebracht werden kann: Die aneinandergebundenen Sechzehntel und Zweiunddreißigstel stehen für die ‚Bebung‘, eine Verzierung, die letztlich nur auf dem Clavichord mit seiner Tangentenmechanik und seinen entsprechenden Möglichkeiten zur nachträglichen Beeinflussung des einmal angeschlagenen Tons zu verwirklichen ist. Durch Fingerwechsel und entsprechende Artikulation kann jedoch diese Wirkung mit durchgehaltenem Pedal zumindest andeutungsweise auch auf dem modernen Flügel nachgeahmt werden. Erneut kippt danach der Satztyp jedoch in den vorangegangenen Rezitativtonfall zurück, der mit einer barocken Schlußformel im Adagio endet und zugleich das nachfolgende ‚Arioso dolente‘ einleitet. Auch dieses ist in Gestalt und Herkunft nach dem Modell einer barocken Klagearie gehalten, erinnert gelegentlich an die Alt-Arie aus Johann Sebastian Bachs ‚Johannespassion‘, ‚Es ist vollbracht‘, und wird dennoch in eine neue Klangwelt, vor allem aufgrund der rhythmischen Komplikationen in der Linienführung, überführt. Nach einem ersten Ariendurchgang leitet erneut eine abschließende rezitativische Kadenzfloskel (Takt 25/26) in einen radikal neuen Satztyp über, nämlich die erste Fugenentwicklung in mehreren Durchführungen in As-Dur. Weniger die teilweise stark harmonisch-akkordische Verarbeitung als der elegische Quartanstieg des Themas selbst erinnert dabei durchaus an barocke Vorbilder wie Johann Sebastian Bach. In dem Moment, wo sich die akkordisch gehaltene Homophonie endgültig gegenüber der Fugenpolyphonie durchzusetzen scheint, bricht erneut der Satztyp ab und führt über eine überraschende Rückung nach g-Moll zurück zum Arientonfall (ab Takt 110). Die seufzermotivische, hochexpressive Zerstückelung im Melodieverlauf spiegelt eine unerhörte emotionale Intensität wider (Beethovens Anweisung: „ermattet, klagend“) und endet auch hier auf dem Weg über letzte motivische Vereinzelungen (Takt

130/131) in abschließenden Kadenzschritten, die aus der Rezitativtradition stammen (Takt 132). Diese werden jedoch im folgenden völlig überraschend nach Dur gelöst und geben den Raum frei für ein großes Crescendo und Diminuendo in zunächst akkordisch repetierten, dann gebrochen aufgelösten Akkorden. Diese visionäre Stillstandspartie in reinem Klang ebnet die Bahn für die finale Fugenentwicklung in G-Dur mit umgekehrtem Thema. Als ob durch die reine Klangsetzung unmittelbar davor ein entsprechendes Signal gesetzt worden wäre, vollzieht die Inversionsfuge ziemlich rasch verschiedenste rhythmisch figurative Auflösungstendenzen, die in einer hymnischen Apotheose in reinem As-Dur enden, ja die nackte homophone Figuration der Tonart, über die gesamte Klaviatur verteilt, als Ziel des gewaltigen Formprozesses erscheinen lassen.

Vor allem der Aspekt rückblickend-historisierender Anverwandlung und gleichzeitig innovativer Transformation macht diesen, formal gesehen, vielleicht differenziertesten und ungewöhnlichsten Sonatensatz des Beethovenschen Œuvres aus. Es werden sowohl die Gattungsgrenzen zwischen Instrumental- und Vokalmusik überstiegen wie auch die historischer Provenienz zwischen barockem Idiom und klassischer Musiksprache. In der finalen Fugenentwicklung scheint gar die Sicht auf beide Tonfälle die Dramaturgie des Ablaufs zu bestimmen, allerdings mit dem Ergebnis, daß sich letztlich die Polyphonie in ekstatischer Steigerung in der reinen homophonen Klangfiguration auflöst – der historischen Abfolge der Epochen Barock und Klassik scheint der Entwicklungsgang durch die Aufhebung des einen Prinzips im anderen zu entsprechen.

Das ‚Cantabile‘ des ersten Satzes, dessen Hauptthema an den liedhaften Charakter des finalen Variationsthemas von op. 109 anzuschließen scheint und erneut eine Art vierstimmigen Streichquartettsatz pianistisch transformiert, ist nicht nur auf Oberstimmenverläufe, sondern generell auf das Stimmführungsgewebe aller thematisch gebundenen Teile zu beziehen, dessen Fortschreitungsfeinheiten gerade am Beginn von fern an Bachsche Choräle gemahnen:

Mit den motivisch vermittelten Partien, die letztlich kein deutlich abgesetztes zweites Thema erkennen lassen, kontrastieren im Grunde harmonisch-figurative Bewegungsfelder (erstmals ab Takt 12), die, nicht unähnlich der homophonakkordischen Auflösung des Satztyps der Fuge im Finale, hier thematische Verläufe eines Sonatenhauptsatzes in reinen Klang überzuführen trachten. In diesem Fall handelt es sich wiederum um weiträumige Figurationszüge in einfachen harmonischen Grundschritten (Takt 12–19), die zudem mit merkwürdigen Akzentuierungen auf jedem Achtel in der Abwärtsbewegung und jedem Viertel in der Aufwärtsbewegung durchsetzt sind – die zweifellos hervorzuhebenden Töne wirken wie Tonlichter in der generell *leggiermente* zu artikulierenden

Klangfläche. Diese Tendenz zu einer erfüllenden Überhöhung in freigelassenen, fluktuierenden Klangflächen suchen letztlich auch die Variationsprozesse in op. 109 und 111 als letztes Ziel. Hier wirkt die Partie ab Takt 12 über die Funktion einer Überleitung, die sie nach dem Konzept eines Sonatenhauptsatzes zweifellos auch erfüllt, wie die eigentliche Lösung und Erfüllung der zuvor gesetzten thematischen Ereignisse, ja als insgeheimes Ziel ihrer Entwicklungen. Das deutet bereits eindrucksvoll die Struktur der ersten 12 Takte selbst an, in denen auf den choralhaft gesetzten ersten Viertakter mit seiner kunstvollen Außenstimmenbewegung eine variierte Umkehrung des Themas in der Oberstimme mit beschleunigtem und zugleich kontinuierlich fließendem Begleitsatz folgt, der dann seinerseits über die klangfüllende Kolorierung der thematischen Oberstimme (Takt 10/11) in die reine Klangfiguration von As-Dur mündet. Die zunehmende Durchsetzung des blockhaften Satzes mit figurierender Bewegungsenergie, die bereits in Takt 3 beginnt, zieht wie ein natürlicher Sog die thematische Entwicklung in das Paradies des freigelassenen Klangs.

Ein zweites Thema mit prägnant profilierter Struktur und entsprechend abgehobener Position ist kaum auszumachen, auch wenn die rhythmisch komplementäre Oktavschachtelung in höchster Lage (ab Takt 20) zunächst diesen Eindruck erwecken könnte. Die Entwicklung verharrt jedoch bis zum Schluß der Exposition in kleingliedrigen, phantasieartigen Floskelreihungen mit teilweise emphatischen Aufschwüngen in extrem gespreizter Lage (Takt 25–28) und eingestreuten Deklamationsgesten (Takt 31/32 beziehungsweise Takt 33/34). Trotz der unübersehbaren Intention, auch diesen Kopfsatz zumindest äußerlich als Sonatenhauptsatz erscheinen zu lassen, ist seine interne Gestaltung weit von einer auch nur halbwegs modellhaften Erfüllung der Aufgabe entfernt. Auch die nicht eingeforderte Wiederholung der Exposition sowie die mit einer plötzlichen Rückung (Takt 39) angeschlossene, modulatorisch ruhig gleitende Durchführung, deren melodisches Liniengeflecht in zunehmender polyphoner Intensivierung (vor allem ab Takt 50) ausschließlich den Hauptthemenkopf verwendet, und die sehr schnell einsetzende Reprise als lösendes Ziel dieses Prozesses – die Klangfiguration erscheint jetzt koordiniert mit dem Thema als Begleitfolie (Takt 56) – bilden einen neuen Typus. Die kantable, gleichsam vokal polyphone Ausrichtung der thematischen Ereignisse sowie die Überhöhungstendenzen in figurierte Klangflächen formen einen lyrischen, kontrastarmen, dafür an Klangflächen und -farben orientierten Sonatenhauptsatz, der im Inneren neue Proportionen und Funktionen aufweist.

Die lapidare Kürze und immer wieder auffällig gebremste, mit Spannungspausen und Einbrüchen durchsetzte Verlaufskurve des Allegro molto wirkt wie ein scherzoartiger Puffer zwischen dem kantablen Sonatenhauptsatz und dem vielfach verwobenen Finale. Hat der erste Teil dieses zweiten Satzes leicht gassenhauerischen Charakter – womöglich stammt die Melodie ab Takt 17 tatsächlich aus einer Wiener Posse, wo sie den auch bei Beethoven problemlos unterlegbaren Text „Ich bin liederlich, du bist liederlich, wir sind liederliche Leute" trägt –, so besteht das Trio aus einem virtuosen zweistimmigen Figurationsspiel mit durchlaufenden Achteln, gegenschlagenden Vierteln, sich steigernden Entwicklungen und abrupten Brüchen. Auch die leichtgewichtige Coda mit kadenzierenden Akkordschlägen und der abschließenden überraschenden F-Dur-Akkordbrechung im Piano und Ritardando (Takt 144–158), die einen harmonischen Übergang zum b-Moll des nachfolgenden Satzes bildet, verstärkt den Charakter eines robusten und zugleich leicht skurrilen Intermezzos zwischen dem radikal veränderten Tonfall des Sonatenhauptsatzes des ersten und den rückwärtsblickenden Utopien in eine ferne Zukunft des letzten Satzes, der das eigentliche Ziel des Werkes ist.

Die Sonate in c-moll, op. 111
    Erster Satz: Maestoso/Allegro con brio ed appassionato, c-Moll, 4/4-Takt
    Zweiter Satz: Arietta. Adagio molto, semplice e cantabile, C-Dur, 9/16-Takt

Sowohl den Vermächtnischarakter des Spätstils wie auch seine historische Anbindung im eigenen Werk bestätigen nochmals die Visionen und Konventionen in Beethovens letzter Klaviersonate. Auch die überraschende Zweisätzigkeit, die schon vom Verleger bezweifelt wurde, erhält im Verhältnis von Tradition und Innovation ihren Sinn. In den ersten Monaten des Jahres 1822 komponiert und wie op. 109 und 110 bei Schlesinger im selben Jahr gedruckt, faßt dieses Werk noch einmal wichtigste Errungenschaften des Spätstils zusammen und spannt zugleich eine überraschende Brücke zur Tradition der Sonatenkomposition und der eigenen Produktion. Die eindeutige Finalorientiertheit der beiden Vorgängersonaten erscheint in diesem zweisätzigen Zyklus zumindest relativiert, da der dramatische Kopfsatz mit seiner langsamen Einleitung durchaus ein gewisses Gegengewicht zum Variationssatz bildet. Vor allem der erste Satz sorgt für die Rückbindung dieser letzten Sonate an das eigene Œuvre, da er, in der Anlage der anderen c-Moll-Sonate, op. 13, der ,Pathétique‘, nicht unähnlich, nochmals einen weitgehend klassischen Sonatenhauptsatz entfaltet. War der experimentelle Umgang in den Kopfsätzen von op. 109 und 110 auf jeweils unterschiedliche Weise an extreme Grenzen getrieben worden, entsteht jetzt eine Art Synthese zwischen den musiksprachigen Neuerungen des Spätwerks und einer gleichzeitig nahezu vorbildlichen Realisierung der Konzeption des Sonatenhauptsatzes.

Die berühmten verminderten Septen des Maestoso-Beginns finden sich ebenso im Kernintervallbereich des weiträumigen ersten Themenblocks (ab Takt 19), der in freier, gleichsam homophonisierter Fugatoform schnell durchführende Tendenzen zeigt (ab Takt 35). Danach erscheint ein kurzes, deutlich abgehobenes, fast exterritorial wirkendes lyrisches zweites Thema in As-Dur (Takt 50), das spannungsreich durch extreme Lagenverhältnisse angezielt wurde (Takt 48/49). Es markiert in traditioneller Manier einen kantabel-lyrischen Kontrast, auch wenn es sehr rasch in den Figurationsstrudel einer ausgedehnten Schlußgruppe mit erneut vorkommendem ersten Themenkopf als Grundmaterial hineingezogen wird (ab Takt 56) – in der Reprise erfolgt allerdings eine längere lyrische Fortspinnung (ab Takt 122). Die Durchführung entfaltet einerseits wieder polyphone Stimmführungszüge mit dem Hauptthema, andererseits dramatische Steigerungen, die vor allem durch harmonische Spannungen über das Intervall der verminderten Septe erreicht werden. Nach relativ kurzer Ausdehnung, die wohl ihren Grund in den bereits stark durchführungsartigen Anteilen der Exposition hat, zielt die Entwicklung in die erneut stark verarbeitende Reprise. Vor allem in der Ausbreitung von Durchführungstechniken über den gesamten ersten Satz gerät dieser trotz seines traditionell-dramatischen Charakters und seiner deutlichen Architektur an einen Extrempunkt, der indirekt Funktion und Bedeutung der verschiedenen Formteile eines Sonatenhauptsatzes und damit die Berechtigung der klassischen Konzeption in Frage stellt.

In den finalen ‚Arietta'-Variationen schließlich wird der Blick noch einmal radikal nach vorn gerichtet. Der Bezug zur eigenen Tradition dramatisch orientierter Sonatenkomposition im ersten Satz erhält seine Gegenspannung durch einen völlig neuartigen Variationstyp als Finale, der sich allerdings *in nuce* bereits in der letzten Variation des Finales von op. 109 andeutete. Dieser Variationssatz entpuppt sich insofern als genuines, wirkungsorientiertes Finale, als sich hier erneut in weiträumiger formaler Disponierung eine letztmögliche Auflösung und zugleich Überhöhung thematischer Materialsetzung im reinen, losgelösten Klang ereignet. Der Prozeß wirkt wie ein endgültiger Befreiungsakt und Übergang in eine sublimere Klangwelt, die mit ihren vielfachen Trillern, ostinaten Figurationen und Pendelklängen als riesenhafte Klangfläche erscheint. In diese bleibt, durchaus bis zum Schluß erkennbar, das kantabel-getragene ‚Arietta'-Thema mit seinen charakteristischen Intervallfällen eingelassen. Der zunehmende Kolorierungsprozeß in immer mehr beschleunigten und dichter überlagerten Figurationen hebt letztlich die thematische Substanz im Hegelschen Sinne auf, nachdem sie ja in der Überhöhung zugleich bewahrt wird. Schon die ungewöhnliche Notation des verhalten-hymnischen Themas im Neunsechzehnteltakt, mehr noch die der dritten Variation im Zwölfzweiunddreißigsteltakt, läßt die zunehmenden Diminutionen erahnen, die mit Schritt für Schritt ansteigender Tonhöhenlage verbunden sind und im nahezu transzendent wirkenden Diskant enden – ein „Ende auf Nimmerwiederkehr", wie Wendell Kretschmar in Thomas Manns ‚Doktor Faustus' abschließend feststellt, womit gleichermaßen das Beethovensche Schaffen wie die Klaviersonate generell gemeint sein kann.

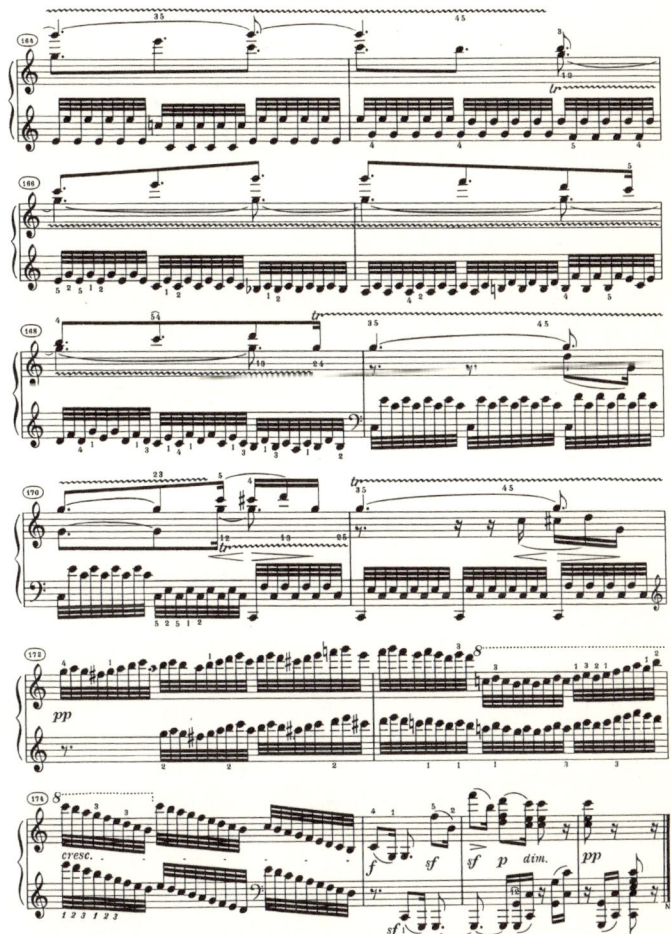

# Zur Interpretation der Klaviersonaten

Obwohl der Begriff der ‚musikalischen Interpretation' für die Zeit vor dem 20. Jahrhundert selten nachweisbar ist und sich allgemein erst in den zwanziger Jahren durchzusetzen begann, muß bereits die Darstellung von Musik etwa ab 1800 als interpretatorischer Vorgang verstanden werden. Im Zentrum steht die nach wie vor gültige Erkenntnis, daß die Kategorie ‚Vortrag' – für die Musik und deren Aufführungspraxis vor 1800 wesentlich – insofern an ursprünglicher Bedeutung verliert, als der Ausführende nicht länger durch den Rekurs auf zeitgenössische Aufführungskonventionen das Notat selbstverständlich zu ergänzen hat, somit in spezieller Weise einkalkulierter Partner des Komponisten ist, sondern jetzt das Werk als originär und möglichst eindeutig formulierter Sachverhalt einem Interpreten gegenübersteht, der den Sinnträger Schrift aufgrund eines einzigartig gesetzten Zeichensystems in den Sinnträger Klang zu übersetzen hat. Die kompositionsgeschichtliche Tendenz zur Originalisierung und Subjektivierung des Werkbegriffs, die Joseph Haydn und Wolfgang Amadeus Mozart eingeleitet hatten, erreichte in Ludwig van Beethovens Musik einen Standard, der das traditionelle Gewebe von Notation und Aufführungstradition mit ihren geschriebenen und ungeschriebenen Regeln auflöst und einen neuen Typus von Vermittler, Ausleger und Übersetzer – so der ursprünglich dreifache Wortsinn von ‚*interpres*' – notwendig macht.

Besonders evident wird dieser Sachverhalt bei der Beurteilung des Tempos durch Beethoven, der 1826 in einem Brief programmatisch formuliert: „Wir können beynahe keine Tempi ordinari mehr haben, in dem man sich nach den Ideen des freyen Genius richten muß." Der radikal vorangetriebenen Individualisierung von Satztypik und deren zentralem Darstellungsparameter Tempo versuchte Beethoven auf zweifache Weise beizukommen: Einerseits wurden die Angaben, teilweise in deutscher Sprache, zusehends differenziert, ja mit unüblichen Ausdrucksbezeichnungen kombiniert – innerhalb der

Gattung der Klaviersonate besonders auffällig ab op. 90 –,
andererseits suchte Beethoven den speziellen, nicht länger
allein aus der traditionellen Beziehung von Angabe, Taktart
und Verhältnis der Notenwerte ableitbaren Bewegungstyp
durch Metronomisierung eindeutig zu bestimmen: „[...] was
mich angeht, so habe ich schon lange drauf gedacht, diese wi-
dersinnigen Benennungen Allegro, Andante, Adagio, Presto
aufzugeben: Maelzels Metronom gibt uns hierzu die beste
Gelegenheit [...]." Die Verwendung ausdruckscharakterisie-
render Wörter allerdings verteidigt Beethoven an gleicher
Stelle, vor allem im Spätwerk erhalten sie eine herausragende
interpretatorische Bedeutung: „[...] ein anderes ist es mit
den den Karakter des Stücks bezeichnenden wörtern, solche
können wir nicht aufgeben, da der Takt eigentlich mehr der
Körper ist, diese aber schon selbst Bezug auf den Geist des
Stückes haben [...]." Wie zentral Beethoven allgemein das Erfassen des richtigen Tempos für eine adäquate Realisierung
seiner Werke ansah, belegen mehrfach zeitgenössische Berichte,
so aus dem direkten Schülerkreis von Carl Czerny, Ferdinand
Ries und Anton Schindler; welch große Bedeutung hierbei den
Metronomisierungen zugeschrieben wurde, zeigt etwa folgende Briefstelle, die 9. Symphonie betreffend: „Die Metronomisirung folgt nächstens. Warten Sie ja darauf. In unserem Jahrhundert ist dergleichen sicher nötig; Auch habe ich Briefe von
Berlin, daß die erste Aufführung der Symphonie mit enthusia-
stischem Beyfall vor sich gegangen ist, welches ich großen-
theils der Metronomisirung zuschreibe."

Die einzige Metronomisierung eines Klavierwerks nahm
Beethoven im Fall der ‚Großen Sonate für das Hammer-
Klavier‘ op. 106 (1817/1818) vor. Die Angaben repräsentie-
ren über das Werk hinaus die grundsätzlichen Intentionen des
Komponisten, so wie sie an den Metronomangaben zu den
Symphonien, den Streichquartetten sowie einigen Frühwerken
abzulesen sind und Anlaß zu weitreichenden Debatten inner-
halb der Interpretationstheorie gaben. Die nicht zu leugnen-
den Probleme lösen sich nur auf dem Weg einer ästhetischen
Reflexion, die den Begriff des ‚musikalischen Charakters‘ als

zentraler interpretatorischer Kategorie im Werk Beethovens akzeptiert und die teilweise extrem gespannten Tempi als integrale Bestandteile desselben ernst nimmt. Spekulationen über Beethovens möglicherweise defektes Metronom oder über unterlaufene Ablesefehler verlieren jede Bedeutung, wenn der Darstellungsparameter Tempo als Aspekt individueller Charaktere begriffen wird, die sich in thematischen Strukturen und Satztopoi manifestieren und in der Instrumentalmusik das gesamte Œuvre hindurch aufspüren lassen.

Diese Differenzierung in unterschiedliche Bewegungsgrade und -charaktere erfordert eine ebenso genaue wie vielseitig abgestufte Festlegung bestimmender Grundzeiten. Daß es Beethoven in diesem Sinn mit seinen Angaben ernst war, bestätigen die von Carl Czerny und Ignaz Moscheles in ihren Ausgaben der Klaviersonaten aus der Erinnerung vorgenommenen Metronomisierungen, die prinzipiell den Intentionen des Komponisten entsprechen. Ein gewisser Widerspruch zu Anton Schindlers mehrfachen Verweisen auf eine sehr freie und gemäßigte Tempogestaltung beim späten Beethoven löst sich insofern auf, als sein Kontakt zum Komponisten in einer Phase stattfand, die wegen Beethovens Taubheit außerhalb seiner aktiven Pianistentätigkeit stand und somit – spielend wie hörend – ohne direkte Beziehung zum Klangereignis war.

Carl Czerny hingegen konstatiert beim frühen und mittleren Beethoven, daß sein Spiel durchaus streng in Tempo und Grundbewegung verlief und nur an bestimmten Stellen Veränderungen zuließ; Ferdinand Ries vermerkt beispielsweise als spezielles Charakteristikum Beethovens überaus wirkungsvolle Steigerungen, die häufig ein *crescendo* mit einem leichten *ritardando* verbanden. Allerdings können Schindlers Bemerkungen insofern ernst genommen werden, als die Metronomisierungen Beethovens sicher keine Verpflichtung auf eine mechanische Geschwindigkeitsexekution bedeuten, sondern im Sinn eines die Grundbewegung fixierenden Rahmens zu verstehen sind, die durchaus die Freiheit der Empfindung und damit ein entsprechendes Rubato-Spiel als konstitutive Bestandteile einer Interpretation zulassen, ja erfordern. So vermerkt Beethoven auf dem Autograph seines Liedes ‚Nord oder Süd': „100 nach Maelzel, doch kann dies nur von den ersten Täkten gelten, denn die Empfindung hat auch ihren Takt, dieses ist aber doch nicht ganz in diesem Grade (100 nämlich) auszudrücken."

Als weiterer Hinweis hierfür darf das von Beethoven besonders geschätzte Spiel Dorothea von Ertmanns angeführt werden, von dem Felix Mendelssohn Bartholdy aus Mailand bewundernd, doch mit leichter Kritik anmerkt: „[...] oft übertreibt sie's ein wenig mit dem Ausdruck, und hält so sehr an und eilt dann wieder [...]." Als prinzipielle Tendenz scheint zu gelten, daß Beethoven in der frühen und mittleren Phase – generell orientiert an schnellen Tempi – ein eher streng eingehaltenes Zeitmaß bevorzugte, in späteren Jahren dagegen zu mehr Flexibilität neigte. Er entsprach hierin sowohl der größeren Dichte an agogischen Anweisungen in den Werken selbst als auch einer grundsätzlichen Tendenz der Frühromantik, wie sie Carl Maria von Weber bereits 1824 formulierte: „Der Takt (das Tempo) soll nicht ein tyrannisch hemmender oder treibender Mühlenhammer sein, sondern dem Musikstück das, was der Pulsschlag des Lebens des Menschen ist. Es gibt kein langsames Tempo, in dem nicht Stellen vorkämen, die eine raschere Bewegung forderten, um das Gefühl des schleppenden zu verhindern. Es gibt kein presto, das nicht eben so im Gegensatz den ruhigen Vortrag mancher Stelle verlangte, um nicht durch übereilen die Mittel zum Ausdrucke zu benehmen." Hier deutet sich die Ausdrucksästhetik der ‚Neudeutschen Schule' an, die sich im Verlauf des 19. Jahrhunderts als wesentliche Interpretationshaltung durchsetzen sollte.

Die Geschichte der Beethoven-Klaviere und ihres Verhältnisses zur Kompositions- und Interpretationsgeschichte wirkt auf den ersten Blick ebenso einleuchtend wie auf den zweiten kompliziert. In der frühen Bonner Zeit lernte der junge Beethoven neben dem selbstverständlichen Umgang mit Cembalo und Clavichord zunächst wohl ein Steinsches Instrument kennen; in der ersten Wiener Zeit benutzte er nachweislich einen Walterschen Flügel, den Czerny bezeugt, beziehungsweise ein

Streichersches Instrument, dessen prinzipielle Wertschätzung mehrfache Aussagen belegen. 1803 erhielt er einen Flügel der Gebrüder Erard als Geschenk, dessen größerer Ambitus kompositorisch sofort umgesetzt wurde – bis zur Sonate op. 31/3 wurde der Umfang des Walter-Flügels vom Kontra-F bis f''' trotz mehrfacher struktureller Probleme beibehalten, in der ‚Waldsteinsonate‘, op. 53, wird schon a''', in der ‚Appassionata‘, op. 57, c'''' erreicht. Eindeutig vom Jahr 1818 an, als Beethoven einen englischen Broadwood-Flügel geschenkt bekam, hat sich, wie allgemein angenommen wird, der Komponist und Interpret den Vorzügen der englischen Mechanik – mehr Klangvolumen, stärkere Bässe, kräftigerer Anschlag – gegenüber der Wiener Mechanik mit hellerem, dünnerem Ton, Diskantorientierung und leichterem Anschlag zugewandt.

Dieser Sachverhalt deutet sich bereits in Satztyp und Vortragsangaben seit op. 53 an und wird im Spätwerk definitiv bestätigt – die ‚Hammerklaviersonate‘, op. 106, die ‚Diabelli-Variationen‘, op. 120, sowie die drei letzten Klaviersonaten op. 109–111 scheinen Klangvolumen und Spektrum des Broadwood-Flügels geradezu vorauszusetzen. Tatsächlich begann sich von den zwanziger Jahren an, endgültig um die Jahrhundertmitte, die englische Machart international durchzusetzen, die früh von Muzio Clementi, Johann Ladislaus Dussek und Johann Baptist Cramer favorisiert wurde.

Dennoch scheint Beethoven – wie etliche Briefstellen und Bemerkungen belegen – gleichzeitig den weichen Klang speziell der Streicherschen Instrumente bis zu seinem Lebensende geschätzt, ja in gewisser Weise bevorzugt zu haben. Immer wieder äußerte er seine Unzufriedenheit mit den neuen Instrumenten und hob zugleich die Qualitäten der Wiener Klavierbauer hervor. 1825 erhielt er nochmals einen Flügel des Wiener Herstellers Graf als Leihgabe, der eigens für Beethoven mit Spezialkonstruktionen eingerichtet war, um seiner Taubheit entgegenzuwirken – nach vorn aufklappbarer Deckel zur Schallwellenleitung, erhöhte Chörigkeit (Anzahl der Saiten pro Ton) und Umspinnung der Saiten. Die Krankheit war allerdings bereits so weit vorangeschritten, daß diese Einrichtungen keinen positiven Effekt mehr erbrachten. Zusammenfassend muß somit die Instrumentengeschichte und -ästhetik Beethovens insofern als ambivalent bezeichnet werden, als sich einerseits deutliche Beziehungen zwischen der Entwicklung klaviertechnischer Momente und dem Instrumentenbesitz herstellen lassen, andererseits jedoch als Konstante eine fast nostalgisch anmutende Orientierung am hellen, leichten Klangideal der Wiener Instrumente erhalten bleibt.

Besondere Aufmerksamkeit verdienen im Zusammenhang mit instrumentenspezifischen Fragen Probleme der Pedalisierung. Beethoven legte bereits im Zusammenhang mit Walters Instrumenten größten Wert auf die Verschiebung: „[...] und den Zug mit einer Saite will ich auch haben [...]." Vor allem in den späten Sonaten häufen sich entsprechende Angaben, so etwa im langsamen Satz der Sonate op. 101; hier ergeben sich auf modernen Instrumenten insofern Probleme, als die Vorschriften nicht wie angegeben ausgeführt werden können: „Mit einer Saite [...] nach und nach mehrere Saiten [...] alle Saiten." Aber auch ungewöhnlich lange Pedalisierungen, die die Dämpfung aufheben, erfordern eine gesonderte und überlegte Anwendung auf modernen Instrumenten, so in den Sonaten op. 27/2, op. 31/2, op. 53 und op. 57. Der Nachklang auf ihnen wirkt bei weitem dauerhafter und führt zu Zusammenklängen, die Beethoven sicherlich nicht in dieser Weise beabsichtigte. Hier scheint erneut das Wiener Klangideal nachzuwirken, da diese Instrumente lange Pedalisierungen am unproblematischsten zulassen. Für die heutige Praxis muß nach genauer Prüfung des jeweiligen Instrumentencharakters von Fall zu Fall eine sinnvolle Lösung gefunden werden.

Von unschätzbarem Wert für eine authentische Interpretationslehre Beethovens wäre eine geplante Klavierschule gewesen. Nach Anton Schindlers Bericht sollte eine Anzahl kommentierter Cramer-Etüden, die ursprünglich als Übungsmaterial für den Neffen Karl bestimmt war, „den wichtigsten Theil der practischen Beispiele [ausmachen], denn er betrachtete sie als die geeignetste Vorschule zu seinen eigenen Werken". Beethovens überlieferte Anmerkungen heben besonders auffällig die Notwendigkeit einer prosodischen Diktion für die melodische Figuration hervor. Mit Bezug auf die griechischen Versmaße entwickelt er ein System von Längen, Kürzen und Akzenten, das sich gegen ein einförmiges *Egalité*-Spiel richtet.

Die Hervorhebung des Versmaßes und der Akzentstruktur konnte durchaus so weit gehen, daß Betonungen von Werten in Verlängerungen des eigentlich Notierten umschlagen. Beethovens Bemerkung Schindler gegenüber, mit seiner Klavierschule „etwas ganz Abweichendes" verfassen zu wollen, deutet im Zusammenhang mit den Cramer-Kommentaren darauf hin, daß er die Interpretation seiner Klavierwerke im Sinn einer musikalischen Prosodie verstanden wissen wollte. Das deklamatorische Potential von Melodie und Figuration als eigentlicher Träger eines poetischen Klavierspiels war ihm wesentlich und sollte vom Pianisten hinter der Notation entdeckt werden. Die Intention liegt offen, auch auf diese Weise in Struktur und Klang musikalische Sprachcharaktere zu formen.

Der prinzipiell charakterisierende und deklamierende Stil zeigt sich darüber hinaus in der Neubewertung von Pausen und Zäsuren. Zu deren traditionell gliedernden Funktionen treten auffällig häufig inhaltliche in der Bedeutung sinnhafter Spannungsträger, die entschieden über rein formbildende Tendenzen hinausgehen. Hierin wie auch in der stärkeren Hervorhebung des Legato-Spiels deutet sich ein grundlegender Wandel der Ästhetik des Klavierspiels im Verhältnis zur zweiten Hälfte des 18. Jahrhunderts an. Nach zeitgenössischen Berichten fielen an Beethovens Spiel selbst neben der phantastischen Improvisationskunst vor allem der singende Ton, das weitgehende Legato – auch im Unterricht nach Carl Czerny ein zentraler Punkt der Unterweisung – und der reiche Pedalgebrauch auf. Der deklamatorische Duktus wird gleichsam in eine flächig gebundene Spielart eingepaßt – soweit keine besonderen Artikulationsangaben vorliegen –, die sich im weiteren Verlauf des 19. Jahrhunderts durchsetzte und die selbstverständliche Vielfalt artikulatorischer Kleindifferenzierung der Musik und Aufführungspraxis es 18. Jahrhunderts verdrängte.

# Literaturverzeichnis

*Werkausgabe*
Beethoven, Ludwig van, Klaviersonaten (Urtext), 2 Bde., Henle-Verlag, München [1976]

*Zu Beethoven und seinen Klaviersonaten*
Badura-Skoda, Paul, und Demus, Jörg: Die Klaviersonaten von Ludwig van Beethoven, Wiesbaden 1970
Czerny, Carl: Über den richtigen Vortrag der sämtlichen Beethovenschen Klavierwerke,Wien 1963
Dahlhaus, Carl, Riethmüller, Albrecht, und Ringer, Alexander L. (Hrsg): Beethoven – Interpretationen seiner Werke, Laaber 1994
Fischer, Edwin: Ludwig van Beethovens Klaviersonaten, Wiesbaden 1956
Kaiser, Joachim: Beethovens 32 Klaviersonaten und ihre Interpreten, Frankfurt 1975
Koch, Heinrich Christoph: Versuch einer Anleitung zur Komposition, Rudolstadt – Leipzig 1782–1793
Kolisch, Rudolf: Tempo and Character in Beethovens Music, in: The Musical Quaterly, April und Juli 1943
Lenz, Wilhelm von: Die Mit- und Nachwelt Beethovens, Berlin – Leipzig 1908
Marx, Adolph Bernhard: Anleitung zum Vortrag Beethovenscher Klavierwerke, Regensburg 1912
Marx, Adolph Bernhard: Die Lehre von der musikalischen Komposition III, Leipzig 1848
Nagel, Willibald: Beethoven und seine Klaviersonaten, Langensalza 1903/1905
Prod'homme, Jacques-Gabriel: Les sonates pour piano de Beethoven, Paris 1937; deutsche Ausgabe: Die Klaviersonaten Beethovens, Wiesbaden 1948
Ratz, Erwin: Einführung in die musikalische Formenlehre, Wien 1951
Riemann, Hugo: Ludwig van Beethovens Klavier-Solosonaten, Berlin 1919/1920
Rosenberg, Richard: Die Klaviersonaten Ludwig van Beethovens, Lausanne 1957
Schenker, Heinrich: Die letzten Sonaten Beethovens, Wien 1971/1972
Schering, Arnold: Beethoven in neuer Deutung, Leipzig 1934
Schmitz, Arnold, Das romantische Beethovenbild, Berlin und Bonn 1927
Tovey, Donald Francis: A Companion to Beethovens Pianoforte Sonatas, London 1931
Uhde, Jürgen: Beethovens Klaviermusik Bd. 2/3, Stuttgart 1970/1974

# Personenregister

Bach, Carl Philipp Emanuel 12–15, 29, 49, 137
Bach, Johann Christian 12–14
Bach, Johann Sebastian 12–14, 81, 124, 145
Beethoven, Caspar Carl 129
Beethoven, Karl 96, 157
Berlioz, Hector 92
Brahms, Johannes 99
Bruckner, Anton 48, 85
Busoni, Ferruccio 135

Chopin, Frédéric 74, 81, 99, 104
Clementi, Muzio 156
Corelli, Arcangelo 9
Cramer, Johann Baptist 17, 78, 156–158
Czerny, Carl 86, 95, 113, 129, 153–155, 158

Dussek, Ladislaus 156

Ertmann, Dorothea von 155

Goethe, Johann Wolfgang von 60
Guicciardi, Gräfin Giulietta 80

Haydn, Joseph 12, 14, 15, 17, 19, 21, 26, 27, 29, 53, 61, 66
Hegel, Georg Wilhelm Friedrich 10, 11, 44, 71, 110, 117, 150

Jean Paul 91
Jeitteles, Andreas Ludwig Joseph 73

Koch, Heinrich Christoph 7, 9–11
Kuhnau, Johann 12

Lichnowsky, Fürst Carl von 21, 53, 122
Liszt, Franz 81, 92, 99

Mälzel, Johann Nepomuk 153, 155
Mann, Thomas 151

Marx, Adolf Bernhard 7, 10, 11, 106
Max-Friedrich von Köln, Kurfürst 15
Mendelssohn Bartholdy, Felix 115, 155
Moscheles, Ignaz 154
Mozart, Wolfgang Amadeus 12, 14, 17, 19–21, 26, 27, 36, 60, 72, 152

Nägeli, Hans Georg 86
Neefe, Christian Gottlob 15, 53
Newman, William 18

Rellstab, Ludwig 81
Riemann, Hugo 56
Ries, Ferdinand 129, 131, 134, 153, 154
Rochlitz, Friedrich 73
Rudolph von Österreich, Erzherzog 116, 133

Scarlatti, Domenico 104
Schering, Arnold 92
Schindler, Anton Felix 18, 52, 64, 70, 92, 153, 154, 157
Schmitz, Arnold 44
Schubert, Franz 61, 64, 67, 83–85, 89, 101, 111, 112, 122, 126
Schumann, Robert 81, 99, 128
Schuppanzigh, Ignaz 130
Shakespeare, William 71, 92
Silcher, Friedrich 108
Stamitz, Johann 15, 23
Strauss, Richard 92
Strawinsky, Igor 91
Sulzer, Johann Georg 55

Wagner, Richard 64, 84, 92, 126, 128
Waldstein, Ferdinand Graf 19, 98
Weber, Carl Maria von 155
Webern, Anton 132

Zelter, Carl Friedrich 60